JN278339

夢と目標を実現する
7つの心理セラピー

人生を変える!「心のDNA」の育て方

カリスマ・セラピスト&パーソナルモチベーター
石井裕之 Hiroyuki Ishii

フォレスト出版

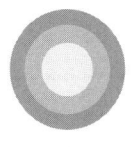

はじめに

ああ、私はこれをやるために生まれてきたんだ！

――と、心の底から喜びを感じられるような人生を送りたい。

まだそんな理想を捨て切れていないとしたら、あなたはきっと私と同じ種類の人間です。

ようこそ――この本はあなたのために書かれた本です。

本書を手にとっていただき、ありがとうございます。

あなたには、あなたにしかできない〝何か〟が必ずある。

本書を通じて、私が一番伝えたいのは、何といってもこのことです。

しかし、この言葉を信じても信じなくても、どちらでも結構です。

なぜなら、実際にその〝何か〟をあなた自身がつかまなければ、私の言葉をいくら信じても意味がないからです。

そして、あなたが実際に自分の手でその〝何か〟をつかんだとき、もはや私の言葉を信じるかどうかではなく、〝あなた自身〟が納得できるはずだからです。

この本を通じて、私は、セラピストとしての経験や、パーソナルモチベーターとしてのスキルを最大限に注ぎ込んで、あなたが、あなただけの〝何か〟をつかむためのお手伝いをさせていただきたいと思うのです。

おかげさまで、前作『「心のブレーキ」の外し方』（フォレスト出版）は、二十六万部突破の大ヒットとなりました。鬱々《うつうつ》とした状態から、勇気を出して一歩を踏み出すためにはどういう考え方が必要なのかということを、セラピー形式で書いた本です。

実にたくさんの方々から、**「この本をきっかけに人生がプラスに転じた！」「今までどんな本を読んでもネガティブな自分を捨てられなかったのに、この本でつ**

いに行動できる自分になれた！」というようなご報告をいただきました。

本書では、さらに一段も二段も高いレベルに向かって自分を輝かせたい、最高だと言える人生を送りたい、という方々に向けて、より突っ込んだノウハウをご紹介します。もちろん、『「心のブレーキ」の外し方』をまだお読みでない方にも、十分に楽しんでいただける内容になっています。

前著でも申し上げたのですが、「希望をもちましょう」とか「自信が大切です」とか「夢がなくては生きていけません」などという、ムードだけの精神論を語るつもりなどさらさらありません。

希望や自信や夢をもつだけで充実した人生が実現するというのなら、世の中のすべての人はすでに〝最高の人生〟を送っているはずです。

問題は「どうやって希望や自信や夢をもてばいいのか？」ということです。「どうしたら私が私として輝くことができるのか？」ということです。

また、誰かの成功談や、感動的な〝いいお話〟をいくら読んでも、そんなものはあなたにとってせいぜい一時的な刺激にしかなりません。

あるいは、実験室でのひからびたデータを並べて「だから科学的に根拠があるのだ」などという話をいくら聞かされても、あなたの人生はいっこうに輝きません。

あなたという人間は、実験室の被験者ではありません。

あなたというかけがえのない人間は、ほかの誰とも同じではありません。

大切なのは、「あなたが、あなたとして輝くこと」です！

しかし、そんなふうに人生を輝かせるには、そのための〝方法〟を知らなくてはなりません。

その第一歩が、〝心のＤＮＡ〟を育てることなのです！

それでは、まず、この〝心のＤＮＡ〟のお話からスタートしたいと思います。

最後までお付き合いいただけましたら光栄です。


『71分で幸せになる話』と銘打った付録のＣＤは、平成十九年一月十九日に東京・新宿の紀伊國屋ホールで行われた私の講演を録音したものです。

本書を買ってくれたあなたへのささやかなプレゼントとしてつけました。「石井のベスト」だと言ってくださる方が多いほど、とても評判のよかった講演です。

あなたにも、当日の会場に参加したつもりで聞いていただけたら嬉しいです（この意味は、ＣＤの最後の一分でわかります……）。

人生を変える！「心のＤＮＡ」の育て方
夢と目標を実現する7つの心理セラピー

目次

Therapy 1 なぜ、小さくはじめることが大切なのか？

Therapy 4

なぜ、自分の目標を人に話してはいけないのか？

Therapy 6

なぜ、正解を求めてはいけないのか？

Therapy 7

なぜ、この1000万円は誰にも盗めないのか？

Therapy 1

なぜ、小さくはじめることが大切なのか？

GOODになれ！

たまたまテレビをつけたら、ちょうど来日していたビリー・ジョエルがインタビューを受けているシーンが放送されていました。英会話の番組らしいのですが、インタビュアーのつたない英語での質問に、ビリー・ジョエルが一生懸命に答えているという構図がなんだか温かく微笑《ほほえ》ましかったのでしばらく見ていました。

最後のほうで、そのインタビュアーが、

「あなたのようなロックスターになろうという夢をもってがんばっている日本の若いアーティストたちに、ぜひアドバイスをお願いします！」

と、お約束のような質問をしました。

それに対して、ビリー・ジョエルは、

「まず、小さなところでGOODになることだ――」

と答えたのです。

「大きな舞台を夢みるばかりで、自分はこんな小さなところじゃあダメだなんて思っちゃいけない。たとえば、キミが小さなパブのピアノ弾きにすぎなかったとしても、その小さなパブのわずかな数のお客さんたちが大ファンになってくれるように、ピアノ弾きとしての自分の腕を徹底的に磨くんだ。いいかい？　まずはその小さなパブでGOODになるんだ！　その小さなパブのスーパースターになるんだ！　そうすれば、やがてデカイ舞台が用意されたときに、キミはそこでもスーパースターになれるんだよ！」

そこで、英語がそれほど上手でないインタビュアーは、

「はぁ、つまり、夢は小さくもて、ってことですね？」

などと愚かしい質問をしたのだけれど、ビリー・ジョエルは失笑するどころか、むしろもっと真剣な顔になってこう答えました。

「No、No！　夢は大きくもつんだ。でも、行動は小さくはじめろ、ってことだ」

私たちは、とかく、「こんな小さなところでは自分の力を発揮できない」などと考えてしまいます。

「もっと大きなステージでなら、自分も輝けるのに――」と。

「こんな会社じゃ自分を試せない」
「こんな田舎じゃ成功できない」
「こんな奥まったロケーションの店じゃ、客なんか呼べない」
「この程度のチャンスじゃ、たかが知れている」
「こんなわずかな資金じゃ、とてもビジネスはできない」

でも、今のその小さな場所でGOODになれない人が、どうして大きな舞台でGOODになれるのでしょう？

わずかなチャンスを活かせない人が、どうして大きなチャンスを形にできるのでしょう？

小さなパブの、顔なじみの数人の客たちすら感動させることができないのに、どうしてカーネギーホールの何千人もの客を酔わせることができるというのでしょう？

サラリーマンを辞めて独立する人はたくさんいます。でも、その中でも成功できる人というのは一握りです。もちろん例外もあるでしょうけれど、独立して成功できる人というのは、サラリーマンのときにもGOODだった人です。

ドデカい仕事で成功できる人は、小さなつまらない仕事にも全力を尽くした人です。

小さな舞台だからといってバカにせずに、その小さな場所でGOODになれた

人です。

「ちっぽけなこんな場所」だからこそ、まずはここでＧＯＯＤになるべきなんです。

宝くじが当たっても幸せになれない！

いつもお金に困っている人というのは、「オレも宝くじで三億円くらい当たればなぁ」などと夢見るものです。でも、その人は、宝くじが当たっても幸せになんかなれません。

たとえば、三〇〇万円を上手に使えずにお金に困ってしまう人が、その百倍の三億円を手にしたらどうなるでしょう？

お金のトラブルも百倍になるに決まっています！

だから、お金で問題を起こす人にとっては、持っているお金の額が小さければ小さいほど、むしろ幸せなんだとも言えるわけです。

逆説的ですが、これが真実です。

大きなお金が入ってきたら、その人は今以上に不幸になってしまう――。だからこそ、その人の潜在意識は、大きなお金が訪れることを阻止しようと働くのです。お金を儲けるチャンスから、その人を引き離そうとするのです。

その人自身を守るためにです。潜在意識に悪気はないのです。

同じ理屈で、小さな場所での仕事にフラストレーションしか感じられず、わずかなやりがいも見出すことができない人がいたとしますと、もしその人に大きな舞台が与えられたなら、その分だけその人のフラストレーションは大きなものになってしまう恐れがあるわけです。そうなると、その人の存在そのものが破綻《はたん》してしまうかもしれません。

だから、その人の潜在意識は、その人自身を守るためにこそ、今の「ちっぽけな場所」にその人を閉じ込めておこうとするのです。

あなたには、夢や目標があるでしょう？

「いえ、私には夢なんかありません」とあなたは謙遜するかもしれませんが、私にはわかります。あなたは夢や理想や希望を諦《あきら》めないタイプの人です。そうでなければ、こんな本を読んでいるはずがないのです。

そしてあなたのその夢は、途方もなく大きな夢なのかもしれません。大きな夢をもつことは素晴らしいことです。

でも、夢というのは、大きければ大きいほど、足元を見失ってしまう危険が伴います。ついつい、目の前にある現実を、つまらないものと考えたり、手を抜いたりしてしまいます。

そうなると、潜在意識は、その「つまらないもの」をこれ以上大きくしないためにも、あなたを今のちっぽけな場所にずっと閉じ込めようとするかもしれない……。

「行動は小さく」というビリー・ジョエルの言葉は、このことをいましめているのだと思います。

今、あなたの目の前にある現実をないがしろにしてはいけない。今の現実の中で力を尽くせる人間になれてこそ、大きな夢を実現するチャンスを潜在意識が与えてくれるのだ、と。

ビリー・ジョエルは、そういうことを言いたかったのだと私は思うのです。

しかし、目の前の現実だけを見ていたのでは、それもまた楽しくありません。大舞台で輝く、未来の自分の姿を夢見ることができるからこそ、小さなことをやっていても、活き活きと輝いていられるのです。

だからこそ、「夢は大きく、でも行動は小さく」ということになるのですね。

このふたつの〝バランス〟が大切だというわけです。

Therapy 1

心のDNA

このことをもうちょっとだけ深く考えてみるなら、とても興味深い気づきにいたります。

夢を実現したり、人生を輝かせるためには、まずはそのための〝**心のDNA**〟を作ってしまえばいい、ということ――。

〝心のDNA〟というのは、私が勝手に作った言葉ですから、説明が必要です。

まず、DNA（デオキシリボ核酸）というのは、ご存知のとおり、遺伝情報を担う、いわば**〝生命の設計図〟**のことです。「事件現場に残された体液の一部をDNA鑑定して、犯人を特定した」などというときのように、身体のどの一部分からでもその人の全体像を取り出すことができるというわけです。

このDNAを、心の問題を考えるときのメタファー（比喩）として使うと、潜在意識の働きがよく理解できる。

先ほどの例で言いますと、「小さなパブでスターになる」ことによって、ロックスターとしての〝心のDNA〟を作り上げるのです。

それは、たしかに、〝小さなパブ〟という限られた環境の中で磨かれたちっぽけな〝心のDNA〟ですが、DNAというのは全体の設計図でもあるのです。

つまり、潜在意識はその〝心のDNA〟を設計図として使って、人生全般を築くのです。

だから、あなたの潜在意識は、あなたが作った〝心のDNA〟に基づいて、あなたの〝GOOD〟をより輝かせようと、もっと大きな舞台へとあなたを導いてくれる。チャンスをもたらしてくれる。

いきなり大きな舞台に立たされては、ビビってしまって、なかなか確信に満ちた〝心のDNA〟を育てることなんかできそうもありません。

でも、小さなパブという、まだまだ自分で十分にコントロールできる環境だからこそ、今のうちにそこで、一流のピアノ弾きになる力を思う存分に磨く。そうすれば、大舞台で活躍できる一流のピアニストとしての〝心のDNA〟ができてくるのです。

そのちっぽけな〝心のDNA〟には、あなたの人生のすべてが包括されているのです。「こんな小さなところじゃあ」などと、侮《あなど》ることなど決してできないはずです。

大丈夫！　今、あなたがいるこの状況こそが、最高の出発点なのです。

Therapy 1

猫しか住んでいない街で……

たとえば、あなたがある小さな店の店長を任されたとしましょう。そこは、系列店の中でも、一番売り上げの悪い店舗で、店長のなり手もいないほどのところです。そもそも周辺に人影すらないような寂れた立地条件なのです。同じ系列のほかの店舗は、だいたい駅の近くにあるのに……。

あなたが、そこの店長としてどんなにアイデアを絞り出しても、条件のいいほかの店舗の成績になんかとても追いつきそうもありません。

それでも、「必ず系列店でトップになるんだ！」という希望をもて――などとは私は言いません。

ええ、たぶん、追いつけないのでしょう。あなたがどんなに優秀でも、やっぱり条件の恵まれたほかの店舗の成績にはとうてい及ばないでしょう。

でも、大切なのはそういうことではないのです。

大切なのは、その環境の中でベストを尽くすということ〝そのもの〟にあるのです。そういう限定された環境の中でこそ、あなたがＧＯＯＤになるための〝心のＤＮＡ〟を磨くということができるということなのです。

どんなにちっぽけな環境であったとしても、そこでのエキスパートになればいい。

極端な例ですが、たとえ一日にひとりしかお客さまが来てくれないのだとしても、それでもそのひとりのお客さまにとって最高の店となるように力を尽くすのです。

「こんな、猫しか住んでいないような地域に店を構えているのに、ひとりとはいえ、人間のお客さまに来ていただけるなんて！　嬉《うれ》しいなあ。このお客さまを大切にしなくちゃいけないなあ！」

そうやって、一日に何百人、何千人のお客さまが訪れてくれる店舗に行っても、力を発揮できるだけの〝心のＤＮＡ〟を虎視眈々《こしたんたん》と練るのです。

だって、たったひとりのかけがえのない大切なお客さまですら満足させられない店長が、大きな店を任されたところで、押し寄せる何百人のお客さまを満足させることなんか、できっこありません。

実際にはあり得ないような極端な例でしたが、私が言いたいことは、与えられた環境を恨むよりも、その環境の中でＧＯＯＤになることに心を尽くしたほうがいい、ということ。

そういうことを申し上げたのです。

勉強の極意

〝心のＤＮＡ〟の活用方法について、もう少し現実的な例で説明したいと思います。

あなたは、英会話を勉強しようと奮起して、挫折したことはありますか？

「いや、私は英語はペラペラなので」という方でも、資格試験の勉強など、「何かをマスターしようと張り切ったけれど続かなかった」という経験なら、何かしらあると思います。

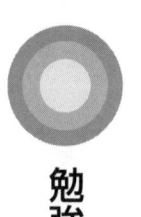

たとえば、英単語を覚えようと思って、単語集を買ってきたとします。ＡＢＣ順に編成された単語集だったら、ふつうはまずAから順番にはじめますよね？

仮に、一日二〇単語をノルマに覚えていこうと決めたとします。

でも、たいていは途中で飽きてしまいます。覚えても覚えても、「はぁ〜、まだこんなにあるのか……」という気持ちになってしまうからです。

こんなときにも、〝心のＤＮＡ〟の考え方を応用すれば、モチベーションを維持することがラクになります。

「小さな場所でＧＯＯＤになる」
「どんなにちっぽけな環境でも、そこでのエキスパートになる」

というのが〝心のＤＮＡ〟の流儀でした。

そこで、英単語を覚えるときには、三千語収録の単語集の全体ではなくて、たとえば、「Mではじまる単語なら誰にも負けない！」というように、ごくごく限られた条件の単語だけを徹底的に覚えるのです。数は少なくてもかまいません。

Ｍではじまる単語だけでも圧倒されそうなら、「Ｐｈではじまる単語はすべて知っている！」だけでもいい。

それは、それはものすごい自信になります。

覚えた単語の数としては本当に少なくても、「私はＭのエキスパートだ！」という確信ができ、従って、〝英単語には自信がある〟ということの〝心のＤＮＡ〟が作り上げられるからです。

あとは、それを拡げていけばいい。たとえば、「Ｍはもうカンペキにマスターしたから、次はＳのエキスパートになろうか！」というふうに――。

すでに〝心のＤＮＡ〟ができているからこそ、楽しく続くようになるのです。

もちろん、アルファベット順に覚えるのは実際にはあまり意味がないので、頻出単語順に並んでいる単語集で、〝よく使われる単語のトップ三〇個なら〟のエキスパートになるとか、意味単位でまとまっている単語集で、「交通に関する単語だけは何が来てもバッチリ！」と言えるようにがんばるとか、いくらでも工夫ができるはずです。

勉強の苦手な子供でも、〝心のＤＮＡ〟の考え方で指導すれば、どんどん自信

をもってヤル気を出してくれます。

「まずは、キミ、草かんむりの漢字の達人になろうぜ！」
「教科書の四十二ページの中に書いてあることなら、先生がどんな質問をしてもバシバシ答えられるように、マル暗記しちゃおうぜ！」
「封建時代の人物の、とりあえず名前の漢字だけはカンペキに書けるように覚えちゃおうぜ！」

などなど。どんなことでもいいのです。その子供なりの力の及ぶ小さな場所でエキスパートにさせてあげればいい。

その小さな自信の〝心のＤＮＡ〟が出来上がれば、後はどんな教科の勉強もスイスイいくようになるものです。

これこそが、〝勉強のコツをつかむ〟ということだと私は思うのです。

その心万事に渉《わた》るゆえ

一小悪は即日忽に身を滅ぼすことはなけれども、
その心萬事に渉る故小を積んで大となる（『沢庵禅師論語』より）

江戸初期の臨済宗の僧、沢庵《たくわえ》和尚の言葉です。武道をやっている方にとっては、沢庵和尚のことは『不動智神妙録《ふどうちしんみょうろく》』などでおなじみでしょう。

「ちょっとした悪事を働いたところで、それによってすぐに身を滅ぼすなんてことは、まあないでしょう。悪事と言ったって、ほんの些細なことなんでしょうから。でも、そういう〝悪いことをする心〟というのは、それこそ〝心のＤＮＡ〟のごとく全身に遍満しているわけだから、やがて積みあがって大きなものとなってあなたの身を滅ぼすことになります。小さなことだと思って気を抜いちゃあいけませんよ――」

と、そういう意味だと思います。

何年か前にこの言葉に触れまして、まさに潜在意識レベルでのいましめだなあと感じ入ったのを覚えています。

私のような俗人にとっては耳の痛い教えですが、絶対に悪いことをするなと言っているというよりも、むしろ、

「誰にだって〝悪いことをする心〟っていうのがあるんだから、そういう悪いことをしようとする誘惑が出てきたら、ちょっとしたことだと思って油断しちゃいけないよ」

ということだと思うのです。

目に見える行動の大小よりも、その行動を背後で産み出している、見えざる〝心〟を見逃してはならない、と。

そして、この言葉は、そのまま逆のことも教えてくれているのではないかなと

も思うのです。

たとえ、取るに足らないような小さな親切や善意が、あなたにできる精一杯のことだったとしても、そういうことをしようと思う〝温かい心〟は、あなたという存在全体の中に遍満しているんです。だから、やがてそれは、あなたに大きな幸せを運んでくれるのです。

だから、できることは小さくても、正しいことをしようと思えたあなたのその心を、大切にしてあげようじゃありませんか。

コラム 「元気ないね？」

元気がなさそうな人がいると、「元気ないね？」とつい言ってしまいます。

でも、たいていの場合、これは、あまり望ましい言葉がけではないのです。

相手がちょっと親しい人だったら、「私はいつも元気じゃなきゃいけないってこと？」とキレられることすらある。

そこで気づく――

自分はホントウに相手を想って、「元気ないね？」と言ったのかどうか？

いや、たぶん、自分の不安を相手になすりつけてしまったんだ。「元気ないのは、私といっしょでつまんないからかな？」とか「オレ、何か変なこと言っちゃったかな」とか、そういう自分の不安を解消するために〝だけ〟、相手に元気出して欲しいなんて思う。

だって、「元気ないことは、相手自身が一番よくわかっているんだから、わざわざ言う必要なんかないはず。すごくハゲている人に向かって、「よくハゲてますね」なんて言わないのと同じことで。

ホントウに相手のことを心配しているなら、「元気ないね？　どうしたの？」なんて聞かずに、元気のない相手をそのまま受け入れてあげて、そのことには触れずに、ただただ楽しい気持ちになれるような時間を作ってあげる方がいい。

これはなかなか難しい。つい「元気ないね？」と口から出てしまう。頭でわかってもすぐにできるものじゃない。

そこで、トレーニングをする。「今日はできるだけしゃべらない」っていう日を作る。その日は、ホントウに必要最小限の言葉だけを口にするようにする。

言葉を吐く前に、「これから口を出ようとするこの言葉はホントウに必要だろうか？」と考えてからしゃべるようにする。

でも、不足があってもいけない。だから、ホントウに必要かつ十分な言葉を使うように心がけてみるんです。言葉足らずで誤解されてしまってもいけない。

一日のうちの、ほんの限られた時間帯でかまわないけれど、このトレーニングを真剣にやってみると、実に多くのことに気づけます。

自分がどれだけ不安から無駄な言葉を垂れ流していたかということも。

不安からバカ食いする人がいるように、不安から無駄にしゃべりまくる人がいかに多いかということも。

そして、自分の不安を相手に押しつけることと、相手に対する思いやりをいかにごっちゃにしてしまっていたかということも。

そういうことに気づけてようやく、ホントウに思いやりのある言葉が少しずつ話せるようになってくるのです。

Therapy 2

なぜ、想像力がないと幸せになれないのか？

シャツのアイロン皺《じわ》

昔、私がまだサラリーマンだった頃のことです。

いつものように朝の通勤電車に乗っていると、途中の駅で、ひとりのイライラした感じのおじさんが乗車してきました。

そんなにものすごく混んでいるわけでもないのに、周辺の人たちに乱暴にぶつかったり、わざとらしく咳払いをしたり、誰かれともなくにらみつけたりしていました。

朝の通勤電車では、よくある光景です。

だから、こんなことは大したことではない。でも、そのイライラしているおじさんが近くにいるだけで、どうにも気になってしまいます。心地よくありません。

私も、そのうち、なんだかイライラしてきてしまいました。

ふと、そのおじさんのシャツを見ると、アイロン皺がありました。

「下手くそなアイロンがけだな。身だしなみくらい、ちょっとは気を使ったらどうなんだよ」と思っているうちに、私のいら立ちはますます加熱してきました。「奥さんに愛されていなくて、アイロンがけなんかも適当にされているんだろうな」などと、私は心の中でそのおじさんを罵倒していました。

しかし、私の目的の駅に着くまでまだしばらく時間がかかるし、そのおじさんもすぐには降りそうになかったので、そのうち、やっぱりこんなつまらないことでイライラしているのも、考えてみれば愚かしいことだと感じはじめました。

そこで、そのおじさんのシャツのみじめなアイロン皺をじっと見つめながら、「ここから何かドラマが作れないか」とそう考えてみたのです。

たとえば――

このおじさんの奥さんは、今、病気かなにかで寝込んでいる……（うん、まずまずの設定だ）。

おじさんは、できるだけ奥さんに気をつかわせまいと、家族が寝静まった頃に自分でシャツのアイロンがけをすることにしました。

しかし、いかんせん、生まれてこのかたそんなことはやったことがないから、非常に不器用なのです。

　アイロンのコードにからまりながら苦闘しているうちに、六歳になる娘が目を覚ましてきて、「お部屋にオバケがいて眠れない」などと面倒なことを言い出しました。

　しかたなく、子供部屋に行って、ベッドの横に座って、オバケをやっつけてくれる天使の話かなんかをして聞かせながら、娘をなんとか寝かしつけます。

　それからアイロン台に戻ると、奥さんがふすまをあけて寝室から出てきて、咳なんかしながら、「あなた私がやるわ」とかなんとか言うわけです。

　おじさんは、「いや大丈夫だ。前からこういうことも自分でやってみたかったんだ。結構おもしろいもんだ」とかなんとか言いながら、わりと余裕で器用にやっているような演技をしてみせるのです。

　奥さんは、「あら、あなたこれじゃあ、皺になっちゃうわよ。やっぱり私がやりますわ」とか言いながら、アイロンがけを代わろうとするのを、ご主人は、「どっちみちそろそろ新しいのを買おうと思っていたんだし」などと言いながら、奥さんを寝室に帰すわけです。

そうしたら今度は、十二歳の長男が目をこすりながら起きてきて、「オレがやるよ。お母さん病気で、お父さんもたいへんだろうからさ。やっておくから、お風呂に入っておいでよ」などと言いながら、普段はすねたような態度の長男がアイロンがけを代わってくれるわけです。

感動したおじさんは、ここは素直に長男にアイロンがけを代わってもらって、「まじめに父親をやっているといいこともあるなあ」などと感じ入って、風呂で涙を流すわけです。

風呂から上がってくると、アイロンがけを終えたシャツが畳んでありました。長男としては、完璧な仕上がりのつもりだったのでしょう。誇らしげに、テーブルの上に乗せてありました。

そうは言ってもやっぱり十二歳の男の子のアイロンがけです。朝起きて改めて見てみると、あちこちにヘンな線が入ってしまっています。

しかし、「こりゃあ、会社に着ていったら、笑われるなあ」と思いながらも、誇らしい思いでそのシャツを着て、胸を張っておじさんは出勤して……。

そしてその結果が、このヘンな皺の入ったシャツなのです。

私は、そういうドラマを想像しているうち、なんとも言えずこのおじさんが愛おしく思えてきて、抱きしめたいくらいな気持ちになってきました。

奥さんが病気で、子供たちも不安になっている中で、一家の長として家族には前向きに笑顔でいないといけない。そのような状況の中にあって、電車の中ではついイライラしてしまうことがあっても、それはまったく理解できないことではありません。

もちろん、これは、私が勝手に頭の中で膨らませた妄想だから、冷静に考えてみれば、それで気持ちが温かくなったりするのもバカバカしいようなことです。けれど、ヘンな皺のシャツの背景には、実際に思いがけないほど素晴らしいドラマが存在しているのかもしれないのです。

少なくとも、目の前のおじさんに対してただただイライラしているだけの自分よりは、こうやって自分の中で温かい感情を作り出している自分のほうがいいに決まっている、と私は思うのです。

Therapy 2

感情にはふたつのタイプがある

今のアイロン皺のおじさんの話を、なんだそんな話かとバカにせずに、もう少しだけ踏み込んで考えていただけるなら、ある重要な事実に気づけるはずです。

それは、「感情には、ふたつのタイプがある」ということです。

感情には、**何かに反応して受動的に浮かび上がってくる感情**と、**想像力を駆使して自分で作り出す感情**の、ふたつの種類がある――ということを考えてみていただきたいのです。

たとえば、ランチを食べようと入ったレストランで、店員の接客態度が悪すぎて、ひどく腹が立ったとします。そうしますと、その怒りはあなたにとって受動的な感情だと言えるわけです。

カンタンに言えば、その店員の態度によって、あなたは〝怒らされた〟のです。

でも、「まあ、あの店員もまだ新入りで、いっぱいいっぱいなんだろう。あいつなりにはがんばっているんだろう」というふうに考えているうちに、あなたは、あなた自身が新入社員だった頃のことを思い出すかもしれません。

そして、必死になって仕事を覚えようとしていたときの一生懸命な自分のことを思い出し、「今では、私も仕事ができて、人の役に立てる社会人になれたのだなあ」などと思っていると、何だかとても嬉しい気持ちになってきたとします。

そういう場合には、その嬉しい感情というのは、あなたが自分で作り出した能動的なものだと言ってもいいと思うのです。

こんなふうに、感情と言っても、ふたつの種類がある。

前者の反射的・受動的な感情は、動物的な感情に近いと言えます。一方、後者の自分で作る感情は、決して動物にはできない。人間にしかできない、より高次の感情だと言うことができるはずです。

だから、前者のように、反射的・受動的な感情ばかりで生きている人よりも、後者のように自分で作り出した感情によって人生を味わっている人のほうが、より人間らしい、よりレベルの高いあり方をしているとも言えるはずです。

動物は、すべてを本能で行います。しかし、人間は、もっと自由な存在です。自由であることが人間であることの意味なのです。

どんな状況にあっても、「ここで、私はどう感じるか」ということを、自分で選ぶことができるのは、私たちが猿や犬ではなく、人間だからです。

さて、すごく大雑把な言い方をすれば、**人生の価値というのは、結局のところ自分が「どう感じたか」ということで決まるのではないでしょうか？**

不幸な出来事ばかりの人生だったとしても、「私は最後まで生き抜いたなぁ。こんな力をもらったことに幸せを感じるなぁ」と思えたら、やっぱりその人は幸せだったのだし、価値ある人生を生きたと言えるでしょう。

何不自由なく、この上なく満たされた人生を生きてきても、「何だか、退屈でつまらない人生だったなあ。ついてない人生だったなあ」などとしか感じられなければ、やっぱりその人は価値のない人生を生きたことになるのでしょう。

もし、自分で感情を〝産み出す〟ことができずに、ひたすら外の印象によって受動的に〝感じさせられる〟だけだったとしたら、いったい人生というものにどれほどの自由があるというのでしょう？

望ましい感情を自分で〝産み出す〟ことができてこそ、どんな状況にあっても幸せな自分になれるのではないでしょうか？

このあっけないほどカンタンな話の中に、人生を輝かせるための一番大切なヒミツが隠されていることを、あなたには予感していただけるのではないかと思います。

想像力の本当の意味

これは、〝感情をコントロールする〟ということとは、またちょっと違います。〝コントロールする〟という言葉の中には、やっぱりどこか感情を受身なものと捉えているニュアンスが残ってるように思うのです。

コントロールするというよりも、自ら望ましい感情を〝産み出す〟ということ。こちらのほうが、状況に対応する姿勢がより積極的なのではないでしょうか。

動物的・反射的な感情を感じるためには、何の努力も必要ありません。しかし、自ら感情を作り出すということになると、意識的にその力を育てないといけません。

そして、その力こそが、〝想像力〟ということなのです。

〝想像力〟というのは、ただ単に何かを心に描くだけではなく、それによって〝感情〟を産み出すことなのです。冷たい映像をイメージするのではなく、そこから流れ出る感情を体験することこそが、〝想像力〟の本当の意義なのです。

人生がうまくいかない人たちがいます。うまくいかないといっても、もちろん、いろいろなケースがあります。経済的な問題だったり、人間関係だったり、あるいは場合によっては健康の問題だったりします。

しかし、そういう人たちには一貫してひとつの特徴があると、私は思うのです。それは、〝想像力〟が足りない、ということです。

何年ものセラピーを通じて、たくさんの人たちの心や人生の問題に接してきた経験から、私はそれを確信しています。

人が輝いて生きていくためには、どんな心のあり方が必要でしょうか？

たとえば、〝希望〟とか〝自信〟などがその例として挙げられるのでないでしょうか？

そして、考えてみてください。〝想像力〟が欠如していたら、希望を抱くことも、自信をもつこともできないはずです。

希望を抱く力というのは、つまりは、最悪の状況にあっても、ほんのわずかの可能性を〝想像できる力〟のことではないでしょうか？

自信をもつということも、あらゆるリスクが考えられる中で、自分を信じる気持ちを（感情として）もつことにほかなりません。「大丈夫だ！」と言えるような論理的な根拠がまったくない状況でも、自分を信じる力がわいてくることです。そういう感情を〝産み出す〟ことによって、自信をもつことができるのです。

だからこそ、**あなたが自分の人生を輝かせようと思うなら、どうしても〝想像力〟を育てなくてはならないのだ**と、私はそう思うのです。

Therapy 2

愛も想像力

〝人を愛する〟ということだって、想像力なしにはできません。

あなたには愛する人がいるはずです。

しかし、あなたは、その人の皮膚を愛しているわけではないでしょう？

その人の話す言語としての言葉そのものを愛しているわけでもないし、ましてや声帯を震わせることによって発せられる空気の振動としての声を愛しているわけでもありません。

でも、あなたの目に見えるのは、その人の物理的な皮膚に過ぎないし、あなたの耳に聞こえるのは、どんな辞書にも載っている記号としての言葉にすぎません。

それでも、あなたがその人を愛することができるのは、あなたに〝想像力〟があるからです。〝想像力〟がなければ、物理的な身体や記号としての言葉の後ろ側にある、その人の魂を感じてあげることなどできるはずがありません。

〝想像力〟がなければ、人間として人を愛することなんかできっこないのです。

「愛がなければ生きていけない」とあなたはよく言うでしょう？　それは、「想像力がなくては生きていけない」と言っているのと同じことなのです。

だから、〝想像力〟というのは、豊かな人生を生きるためには絶対に不可欠なものだと言っていいと思うのです。

白黒テレビでも色が見えた

私が子供の頃は、テレビと言えば白黒テレビのことで、カラーテレビのある家はまだ少なかったのです。

それで、友達と前日の番組の話をしていますと、「あの怪獣の口から出た〝オレンジ色〟の火は迫力があった」とか「最後はやっぱりあの〝青いビーム〟でやっつけたね！」などと盛り上がるのですが、冷静に考えてみると白黒テレビなのです。オレンジ色の火や、青いビームが見えるはずがないのです。

別に、意地を張ってカラーテレビが家にあるふりをしていたわけではありません。

本当にそれを感じていたのです。〝想像力〟をもって、感じていたのです。

ところが、今の時代はどうでしょうか？

カラーテレビはもちろんのこと、子供番組ですら完璧なCGが使われることが少なくありません。実にリアルです。怪獣の背中にはもちろんチャックなんかないし、ジェット機を吊ってある糸が見えたりなんかしません。

しかし、リアルであればあるほど、子供たちの〝想像力〟は育たないのです。

完璧なものとして与えることで、心の中でそれを補う必要がなくなるからです。

CGがリアルになるばかりでなく、バーチャルリアリティなどといって、仮想の現実の中に浸《ひた》りこむことさえできるようになってきました。仮想の世界で恋愛したり、お金を稼いだり、戦争をしたり、人を殺したりします。

素晴らしい技術の進歩だということは、認めざるを得ません。

しかし、それによって、人を愛することがどれほど素晴らしいことか、お金を稼ぐということがどれほど尊いことか、人を傷つけるということがどれほど恐ろしいことか、そういう感情を自らの〝想像力〟をもって産み出す機会を、子供たちから奪っているのではないか、そういう影の側面もあるのではないかと、私は思うのです。

テレビや映画やゲームの中で、〝残酷さ〟が完成したリアルなものとして与えられたら、残酷ということそのものの意味を感じる〝想像力〟など必要なくなります。必要ないから育たなくなる。残酷なものを見ても、そこに醜悪《しゅうあく》や恐ろしさを感じられなくなってくる。

だから、平気で動物を殺したり、人を誹謗中傷して傷つけたり、合法であればどんな方法で金を稼いでもいいだろうというような態度がまかりとおるようになってきたのではないでしょうか？

このみじめな時代は、まったく、〝想像力〟の欠如によってもたらされたものだと、私は思うのです。

Therapy 2

想像力トレーニング

しかし、世の中を批判したり、悲観したりしたところで、何もはじまりません。

そういうことの重要さに気づいた人から、少しずつでも自らの内の〝想像力〟を磨いていけばいいのです。

そこで、そのためのトレーニングを厳《おごそ》かにやってみましょう。

この章を読み終わったら、さっそく、五分間だけ、できるだけ人に邪魔をされない環境を作ってください。

もちろん、仕事をしながらとか、車を運転しながらとか、そういう〝ながらトレーニング〟ではダメです。恋人の話だって、〝ながら聞き〟していたら、ムッとされます。

それと同じように、真剣に心を注がなければあなたの潜在意識も応えてはくれません。

特に最初のうちは、電話が鳴ったり、誰かが部屋に入ってきたり、そういうことがあまりないほど望ましいのですが、邪魔が入ったからといってすべてが台無しになるということもないので、それほど過敏になる必要もありません。

さて、その五分の間に、次のようなことをやっていただきたいのです。

まず、ペンでも、ライターでも、紙切れでも、チョコレートでも——どんなものでもいいので、ちょっとした小物を目の前に置いてください。何かの思い出に結びついている品物とか、特別の思い入れがあるものではなく、どうということもない、ごくごく普通の小物がいいのです。

つまり、あまり〝感情〟が結びついていないもの、ということです。

たとえば、ここにボールペンがあるとします。いくらもしないような、ごく普通のボールペンです。

そのボールペンを見ながら、たとえば、〝感謝〟の感情をそこから産み出すようにしてみます。例としては——

「私は、当たり前のようにボールペンを使っているけれど、このボールペンが、私の手元に届くまでに、どれだけたくさんの人の想いが込められてきただろう。デザインした人は、できるだけ手に負担のないように使ってもらえるだろうかと考えに考え抜いたに違いない。製造工場の人たちだって、可能な限り不良品が出ないように、日々、ひたすらこのボールペンを見守ってくれた。だからこそ、私は、こうして安心してこのボールペンを使うこともできるんだ。その人たちだって、もちろん機械じゃない。家庭もあるし、夢もあれば悩みもある。そういうたくさんの人たちの人生が、このボールペンには込められているんだ。さらに、このボールペンが店頭に並ぶまでに――」

こんなふうに〝想像力〟を活動させながら、〝感謝〟の感情を自らの中に〝産み出す〟ようにしてみるのです。

〝感謝〟に限らず、どんな感情でも構わないのです。自分の内から感情を〝産み出す〟ことがこのトレーニングの目的なのですから。もちろん、わざわざネガティブな感情を産み出そうなんて思う人はいないでしょうけれど。

ただし、誤解しないでください。日常生活全般をそんなふうに過ごせと言っているのではありません。日々の忙しい仕事の中で、そんなことはとてもできるものではありません。

一日のうちの五分間だけ特別にこういうトレーニングの時間をもつことで、〝想像力〟を活性化しようということ。それだけでいいのです。

最初のうちは思ったように集中できないかもしれません。それが当たり前ですから、焦《あせ》らずに、楽しむ気持ちを忘れずに続けてみてください。

別に、五分という時間にこだわる必要はありません。三分間でも十分間でも、それこそ一時間でも構わないのです。どうしても時間がなければ、一分間だけでもいい。

潜在意識にとっては、どれだけ長くやったかということよりも、どれだけ心を込めてやったかが大切なのです。

普段は動物的な感情に振り回されて生きているのに、突然のトラブルや困難な状況に陥ったときだけ自信を出そうとか前向きになろうとか思っても、そうはいきません。

そんな泥縄では役に立ちません。

日々、少しずつでも望ましい感情を自分の内から〝産み出す〟トレーニングを意識して続けていればこそ、ピンチのときにもネガティブな感情に飲み込まれずに、あなたらしく凛として生きていけるのです。

コラム 「鼻水」

〝いいこと〟は絶好調のときにやってくるとは限らない。

たとえば、「今日は仕事があるのに風邪ひいちゃって休みたいわ」なんて思っている女の子がいるとする。でも、がんばって仕事に出る。本人は絶不調。でも、周りの男どもから見ると、風邪気味の女の子って目が潤んでいて、声も鼻声でかなりセクシーだったりする。本人はフラフラでセクシーどころの気分じゃないが、そういうときに周りの男からの評価が密かに上がっていたりする。「あれ、あのコ、あんなに可愛かったっけ?」なんて、みんなの見る目が変わる。

逆に、体調万全でアピールする気満々のときには、案外、それほど心を動かされなかったりする。

だからわからないもんだ。

要するに、上手くいってないと思えるときほど、実は事は上手く運んでいたりするかもしれないってこと。さらっとやった仕事の方が、必死になってやったつもりの仕事よりも、評価が高かったりするように。

がんばれない。気張れない。そういう感じのときの方が、結果から言えばベストなことをやっていたりするものだ。

それに、人生の夢だとか目標だとか、あまり鼻息が荒い人も、一緒にいてもギスギスする感じがある。

大丈夫。無理しなくていい。

たまには風邪ひいて鼻水たらしてるくらいがステキだ。

Therapy 3

なぜ、毎日100点が取れてしまうのか？

ダイエットが続かないわけ

たとえば、二〇キロのダイエットをしようと決めたとしましょう。

ジムに通ったり、食事に気をつけたりして、仮に、一週間に一キロのペースで減量をすることにしたとします（もちろん、実際にはこんなふうに同じペースで体重が落ちていくことはないでしょうけれど、ここはあくまでも説明のための例として理解してください）。

やっぱり大切なのは〝継続〟です。

ダイエットに限らず、仕事が一人前にできるようになるのでも、英会話や資格試験の勉強をするのでも、飽きずに続けるということが大切だということは、誰にでもわかっていることです。

もちろん、前章で見てきたように、ここでも〝想像力〟が不可欠です。まだダイエットを達成していない段階から、目標を実現してスリムになった自分を誇らしく思う〝感情〟を自分の内に〝産み出す〟ことができるかどうかということ。

これはとても大切なことです。

だから、人によっては、まだ着ることのできない九号サイズの洋服を目につくところにかけておいたり、理想の体型をしたモデルの写真を飾っておいたりして、「ダイエットが成功したら、素晴らしい人生が待っている！」という〝感情〟を、常に自分に思い出させようと工夫するでしょう。

しかし、それだけではなかなかモチベーションが続きません。

私たちの意志なんて、そんなに強いものではありません。

結論から言います――

「〝今〟が楽しくなければ、続かない」のです。

目標を実現することが、どんなにワクワクするものであったとしても、日々の一歩一歩の努力が楽しくなかったら、やっぱりどうしたって続かないのです。

当たり前のようなことに感じるかもしれませんが、これこそが目標実現のための最大のヒミツなのです。

「目標を達成したらどれだけ素晴らしい人生になるか」ということは、誰でも心を込めて感じようとします。しかし、〝日々の努力の楽しさ〟を心から感じようとする人は少ない。

潜在意識の観点から言えば、一歩一歩の日々の努力を楽しいものにしようとすることのほうが、はるかに重要なのです。

日々の一歩一歩の努力を楽しく感じられるようになるために、〝想像力〟を駆使すべきなのです。

さて、問題は、どうやって「〝今〟を楽しくするか」という方法論です。ただ、「今を楽しくしようね」と言うだけでは、無責任な著者だとなじられてもしかたありません。

日々の努力を楽しむための秘訣は、〝毎日一〇〇点を取ること〟にあるのです。

さて、これはどういうことでしょうか――?

これから解説します。

Therapy 3

毎日一〇〇点を取るための秘訣

最初の例に戻りましょう。二〇キロ減を目指して、ダイエットを開始しました。

一週間が経ちました。

体重計に乗ります――

先週までは、七二キロあった体重が、七一キロになっています。

一週間で一キロ減量できたわけですから、予定どおりです。

しかし……

正直なところ、あなたは本当に飛び上がるほど嬉しいでしょうか？

たしかに、着実に予定どおりに減量は進んでいます。でも、あなたは次のように感じてしまうのではないでしょうか？

「七一キロかあ。目標体重は五二キロだから、まだまだ先は長いなあ。一キロ減量なんて、誤差みたいなもんだよなあ……」

でも、考えてみれば、きちんと予定どおりに今週のノルマを達成したのです。

本来だったら、大喜びするべきじゃないでしょうか？

それなのに、なぜかむしろ気持ちが萎えてしまいます。

それには、理由があるのです。

二〇キロのうちの一キロということは、〝二〇分の一〟ダイエットを達成したことになります。これを一〇〇点満点に換算すると、何点になるでしょう？

そう。五点です。

一〇〇点満点中の五点では、やっぱりどうしても飛び上がるほど嬉しいとは感じられません。それは当然です。

二週目にも同じように予定どおり一キロ減量できたとしましょう。

そうすると、これまでの合計で〝二〇分の二〟ですから、一〇〇点満点に換算すると一〇点になります。

二週間がんばってダイエットした結果が、一〇点……。

三週目、四週目にも、あなたはノルマを達成してそれぞれ一キロずつ減量しました。

〝二〇分の四〟です。つまり、二〇点です。

一カ月間もダイエットに励んだのに、その結果、手にした答案用紙に〝二〇点〟と赤いサインペンで書かれていたら、はたしてヤル気が出るでしょうか？

二〇点だなんて、どうしたって落第点の印象が否めませんよね？

着実に伸びているとはいえ、毎週毎週、返ってくるテスト用紙が五点や一〇点や二〇点など〝しょぼい点数〟ばかりでは、やっぱりヤル気を維持することなんかできそうもありません。

モチベーションが続かない人というのは、今のように考えてしまっているのです。本当は着実に目標実現に向かっているのに、毎日毎日、落第点を取り続けているような気分になってしまっているのです。

しかし、考え方を少し変えるだけで、印象はまったくひっくり返ります。

「二〇キロのダイエットを実現する」と考えずに、「一週間で一キロのダイエットを実現する」と考えるのです。

同じじゃないかって？　いいえ、よく考えてみてください。

一週目に、あなたは予定どおり一キロ減量します。

一週間で一キロが目標だったのだから、結果は、〝一分の一〟となりますね？　つまり、一〇〇点満点中一〇〇点です。

二週目でまた一キロ減量できた。結果は、これもやはり〝一分の一〟です。また、一〇〇点です。

三週目、四週目も、それぞれ一〇〇点の答案をあなたは手にします。

こんなふうに、毎週毎週、返ってくる答案用紙がいつも一〇〇点なのです。

勉強のできない子供には

よく、成績の悪い中学生に勉強を教えるときに、小学生レベルのテストをやらせる、ということをやります。

そうすれば、ラクに一〇〇点が取れます。

つまり、指導する側のスタンスが、「テストでいい点を取らせよう」という視点から、「いい点が取れるテストをやらせよう」という発想にシフトしているのです。テストというものを「実力を試すもの」としてではなく、「自信や感動を与えるもの」として使っているのです。

もちろん、「こんなの、小学校の問題だから、できて当たり前だよ」とその子は苦笑いするでしょう。でも、その子も、心の中では衝撃的に感動しているものなのです。

合格点なんか取ったことのない子にとって、どんな内容のテストであれ、一〇〇点が取れたということは、本当に魂が震えるほど嬉しい体験なのです。

「でも、たかが、小学生の問題だろう」とあなたは笑うでしょうか？

いいえ。あなたならわかってくれるはずです。こうやって、魂が揺すぶられるからこそ、子供だって「もっと勉強したい」「もっとがんばりたい」と思ってくれるものなのだということを。

そもそも、子供の心の中に、そんなふうに幸せな感情や猛烈な感動を産み出せないような指導だったら、何を教えたところで、〝教育〟とは呼べないと私は思うのです。

ですが、ここでも別に、私は今の教育を批判したいわけではありません。あなたや私が、自らの心に対して向き合う姿勢が正しいかどうかの問題です。

あなたや私が、少しずつでも希望に満ちた心のあり方を意識して生きていれば、その想いは、自然に周辺の人たちに灯火のごとく拡がっていき、最終的には社会全体が変わっていくのだと、私は信じているのです。

いったい、何に対して遠慮しているのでしょうか？

それでもあなたは、「いやあ、まだ一キロ減量できただけだから……」などと謙遜するのでしょうか？

「これっぽっちの成果を、いいように考えて、一〇〇点だって喜ぶのも、なんか虚《むな》しいんじゃないですか……」などと？

Therapy 3

いったい、誰に対して謙遜しているのでしょうか？ いったい、何に対して遠慮しているのでしょうか？

自分が成し遂げた努力を卑下《ひげ》することに何の意味があるのでしょう？

そもそも、あなたは自分のために目標を設定してがんばっているのではなかったのですか？

遠慮はいらないし、遠慮する意味なんかどこにもありません。

一〇〇点を取ったことに、あなたは心の底から感動していいんです。

その感動こそが、一歩、また一歩と、モチベーションを燃やし続けるためのガソリンになるのですから。


もし、〝一〇〇点〟というのが概念的にイメージしにくかったら、本当にリアルな答案用紙を作ってみればいい。

たとえば、二〇キロのダイエットが最終目標なら、「今週の目標！一〇〇〇グラム」と書いた紙を、一週間ごとの日付を入れて、二〇枚用意しておくのです。

そして、各週の締めの時点での体重を計測して、もし一キロ減を達成していたら、赤いサインペンで〝一〇〇点〟と大きく書く。

仮に、八〇〇グラムまでしか達成できなかったとしても、〝一〇〇〇分の八〇〇〟だから、〝八〇点〟と書けばいい。八〇点なら、合格点のニュアンスがあるから、決して失敗だったとは感じないでしょう？

毎週のテスト用紙は、バインダーか何かに大切に閉じ込んでいくのです。ほとんど満点ばかりの答案用紙の束を時折パラパラめくってみるのは、ちょっとした快感です。クセになります。

騙されたと思ってやってみてください。

これはホントウに効きます！

どうしても声が聞きたくて

要するに秘訣は、「毎日一〇〇点を取るようにがんばる」というよりも、「毎日がんばった結果を一〇〇点と評価する」ということなのです。

カンタンなことのようですが、こういう発想ができるようになってくると、モチベーションの維持はぐっと容易になります。

そして、こんなふうに、自分の気分を盛り上げることができるようになって、はじめて、他人を励ましてモチベーションを上げてあげることもできるのです。


ものすごく俗っぽい例を挙げましょうか。


あなたの友達が、誰かに恋をしたとします。どう励ましてあげようと思っても、今のところ誰の目にも明らかな片想いです。

叶わぬ恋とわかっていながらも、あなたの友人は、どうしようもない気持ちに突き動かされて、ある夜、大好きな〝あの人〟に電話をしてしまいました。これでもかというほど非常識な時間帯にです。

相手は、当然といえば当然ですが、とても不機嫌な声で電話に出ました。

その声を聞き、ハッと我に返ったあなたの友達は、何も言わずにブチッと電話を切ってしまったのです――。

自己嫌悪に陥《おちい》って食事も喉を通らない友達に、あなたなら何と言ってあげますか?

ここでは、本章の趣旨と絡めて、「がんばった結果を一〇〇点と評価する」という線から考えていただきたいのですが……先を読む前に、まず、あなたなりの答えを出してみてください。

＊　＊　＊

さて、もしあなたの考えた答えが、

「でも、勇気を出して電話できたなんてスゴイじゃん!」

「恋の第一歩を踏み出したわけだ。そこから恋ははじまるんだよ!」

「あの人は、これでキミの想いを知ったんだから、意味のある行為だったんだよ!」

というようなものだったら、あなたはまだ本章で説明した〝一〇〇点〟の意味を理解し切れていません。

つまり、あなたは前のダイエットの例で言うところの〝二〇キロ〟のほうに気持ちがいってしまっていて、現実に成し遂げることのできた〝一キロ〟を本当に味わうことができないでいるのです。

遠慮なく言わせてもらえば、そんなひからびた、感動のない、優等生のような言葉じゃあ、恋する者の名において行動した友達の気持ちを祝福してあげることなんか、できっこありません！

私だったら、こう言います――

「う、うわぁ～、電話したの！　お～、スゲェ～。ねぇねぇねぇ、どんな声だった？怒ってても、やっぱりあの人の声だもんねぇ～。いいよねぇ～。感動しただろうねぇ～。もう、たまんないよねぇ～」

いいですか？　恋をして、会いたくて会いたくて会いたくてたまらない人に、バカな行動だということは百も承知で、それでも電話をしてしまった友達の気持ちを、ホンキで理解してあげていますか？

友達にとっては、一瞬でも〝あの人〟とつながったことが、どれほど圧倒的に感動的な体験だったかということを、あなたは感じられないのですか？

ホンの刹那《せつな》でも〝あの人〟の声を聞けたことは、友達にとっては、もう一〇〇点満点の体験なんですよ。

そこに、一緒に感動してあげなくてはいけない。

それなのに、〝電話をした〟という行為を、何かもっと大きな最終目標（恋を成就させる）の〝一部〟だと考えてしまうから、〝二〇分の一〟つまり五点のような印象しか相手に与えることができなくなってしまうのです。

そこには、感動がないのです。魂を震わせるものがないのです。

「バカバカしい……」と、ここで本を閉じる人もいるかもしれません。

でも、何年もの間、私はこういう気持ちでクライアントと接し、セラピーを成功させてきたのです。

Therapy 3

高みに立って理屈を説くのではなく、クライアントと一緒になって、ドラマチックな毎日の一〇〇点満点に感動しながら。

コラム「作家Oさんの覚悟」

Oさんとの出会いは、もう数年前のことになります。

彼は私よりも十歳も若いのですが、初めて彼と出会ったときの衝撃は私にはとてつもなく大きなものでした。その理由は、彼の差し出した名刺にあります。

そこには、肩書きとして〝作家〟の文字があったのです。

Oさんは今ではテレビ番組の構成作家として、ゴールデンタイムのメジャーな番組をいくつも抱えて多忙な毎日を送っています。しかし、その当時は、実際には〝作家〟としての実績はほぼ皆無だったし、仕事らしい仕事もなかった。

それでも彼は、堂々と「作家のOです」と名刺を差し出したのです。そこには何の照れも、言い訳もありませんでした。

その瞬間、私は、Oさんという男の、自分の人生に対する〝覚悟〟を感じました。それ以来、彼は私の大切な親友であり、理解者でもあり、そして、もっとも尊敬できる男のひとりになりました。

私は、サラリーマンを辞めて自分の会社を起ち上げたとき、肩書きに〝代表取締役〟と入れました。「へぇ、お若いのにシャチョーですか。スゴイですねぇ」と馬鹿にして笑う人たちもたくさんいました。

しかし、同じように起業してきた人たちにその名刺を渡すと、彼らの表情はピシっと締まるのです。名刺に〝代表取締役〟と名乗るのは、決して偉そうにしたいからではなく、「すべての責任は私にあります」という〝覚悟〟を示しているのだということを知っているからです。「ほう、あんた若いのに覚悟決めてるんだね。それじゃあ、すべての責任を負って仕事している者どうし、真剣に話そうじゃないの」というムードになるのです。「シャチョーですかぁ」といってニヤニヤしているような人たちには、決してわからない心の交流なのです。

起業しながら名刺に肩書きを書かない人にも何人か出会いました。聞いてみると「その方が仕事がしやすい」からだそうです。そういう人たちと、一緒にビジネスをしようと思ったことは、今まで一度もありません。信頼に足る人物でないからです。

先日、催眠療法をやっているというある人から名刺をもらいました。かっこいいデザインの名刺でした。しかし、それを見ても何をしている人かよくわからなかったので、「セラピーをされているのですか？」と聞きました。

彼は、「いや、自称ですよ、自称。あくまでも自称、催眠療法士ですから」と言う。

卑屈な表情で照れ笑いをしている彼の様子を見て、私はOさんとのスケールの違いを感じざるを得ませんでした。

「自称だろうが他称だろうが、セラピストはセラピストでしょう？　要するにあなたには、セラピストとしての〝覚悟〟がないのですね」などと言っても、きっと理解してもらえない。人は、しょせん、自分自身の器の大きさでしかものごとを理解できないのです。

私は、「そうですか」と言って名刺を受け取りました。

Therapy 4

なぜ、自分の目標を人に話してはいけないのか？

有言実行の弊害

目標実現セミナーや、自己啓発本などでは、よく次のようなことが言われます。

「あなたが実現したい目標を、みんなの前で堂々と発表してしまいましょう。そうすれば、実現しようという気持ちがより強くなります――」

いわゆる、〝有言実行〟というやつです。

「今年は十億円稼ぐんだ！」
「必ず、二〇キロのダイエットを達成します！」
「今日から禁煙することにしました！」

こんなふうに、周囲の人にあなたの目標を発表することで、「みんなの前で言ってしまったのだから、もう後もどりはできないぞ！　必ず実現しなくちゃいけない！」と、自分を鼓舞《こぶ》することができる、というわけです。

あなたが気を抜いたら、周りの人たちから「あれ？　目標はどうしたの？」と言われてしまうから、ヤル気が萎えてきたときにもがんばれる。

一見、理にかなった方法のように思えます。

しかし、失礼を承知の上で、あえて私はあなたに言いたいのです――

目標に対するあなたの想いは、その程度のものだったのですか？

これはまた、大切な読者に対して、何という口の利き方でしょうか……。

わかっています。しかし、私は、心の問題の克服や目標実現のために、クライアントたちと一緒になって、文字どおり泥んこになって取り組んできたセラピストとして、ただ綺麗ごとを並べるだけでは済まない立場にいるのです。

みんなの前で、勇気を出して目標を公言すれば、そりゃあそのときは気持ちも高ぶるでしょう。「よしやるぞ！」という気にもなるでしょう。

けれども、「進捗はどうだい？」「がんばってる？」「最初の勢いはどうしたんだよ？」などと、人からお尻を叩かれないと続かない程度のヤル気なら、いずれ失速していくに決まっています。

あなたは、そもそも何のためにその目標を実現したいと思ったのですか？

そのことにワクワクしたり、そのことが大好きだったり、利害を超えてどうしようもなく魅了されてしまったからではないんですか？

つまり、あなたの目標には〝愛〟があったんです。目標に対する愛をもって、あなたは一歩一歩進んでいこうと決心したんです。

そんな崇高な志を抱いたあなたほどの人が、「もう人に言っちゃったから、やらなきゃしょうがない」だなんて、そんなケチな考えで目標に向かってもいいいんですか？

とても重要なことを言います――

〝愛〟からスタートした目標が、いつの間にか〝義務〟になってしまっていることに気づいてください。

恋愛に置き換えてみれば、わかりやすいかもしれません――

「最初はキミに惹かれたから付き合ったけど、今は、義務でいっしょにいるんだよ。何しろ、友達の前で、恋人として紹介しちゃったからなあ……」なんて言われたら、あなたはどんな気持ちになりますか？

Therapy 4

「あれ、これだけのことだったの？」

もちろん、目標を公言することにも、一面のメリットがあることは認めます。

しかし、同時にデメリットもあるのだということを理解した上でないと、思わぬ落とし穴にはまってしまうかもしれないのだということを、私は言いたいのです。

目標を口にすることのデメリットのひとつは、今、申し上げたように、「せっかくの愛が義務に化けてしまう」という危険性です。

義務になってしまって、「しょうがないなあ。もう言っちゃったからなあ」などという気持ちで取り組んでいたとしたら、仮に目標が実現したとしても期待したほど嬉しい気持ちにはなれないものです。

何かに向かって長い時間をかけて努力を重ねてきて、いざその目標を手中に収めた瞬間、不思議なことに、「あれ、これだけのことだったの？」と、妙にさめたような、つまらない気持ちになってしまったという、そんな経験があなたにもありませんか？

ずっと片想いだった恋愛をついに成就させて、〝あの人〟を自らの腕に抱いたとたんに、スッっと気持ちがさめてしまった……。これは、とっても恐ろしい体験です。

「あれ、私はこの人を愛していたんじゃなかったの？」と。

そういう経験があなたにあるかないかは別にして、これも「この人が好きだから」という気持ちが、いつの間にか「自分のプライドのために、何としてもこの人を落とさなくてはならない」という義務に化けてしまっていたことの結果です。

Therapy 4

愛は自由

自分のプライドのために恋を勝ち取る――いったい、そこにどんな愛があるというのでしょう？

恋愛程度ならまだいいでしょう。人生の目標を実現させたとたんに、自殺してしまう人すらいるのですから。

「どうして？　せっかく夢を叶えたばかりだったのに……」と周囲の人たちは理解できずにいます。

本人としては、「実現したらどんなにか嬉しいだろう」と、ずっと想像してきて、それだけを糧《かて》にがんばってきたのでしょう。しかし、いざ、目標を達成してみると、とたんに「あれ？　これだけのことだったの？」という虚無感に襲われます。人生をかけて努力してきただけに、そのギャップの深さに耐えられなくなってしまうのです。

これも、目標に対する愛が、いつの間にか義務に化けてしまったことによるものです。

愛というのは、自由なものです。

「私を愛さなければ訴えますよ」と言われても、愛せるものではありません。だからこそ、目標への愛から、日々の一歩一歩の努力に自分を捧げるということが尊いことなのです。

「もう人に言ってしまったから」という理由で努力するのであれば、あなたのその一歩一歩には愛が欠落しています。

だから、目標を実現したところで、決して幸せな気持ちになんかなれないでしょう。それどころか、どうしようもない虚無感、無力感に襲われてしまうかもしれないのです。

私を構って……

本当に目標を愛していると言えるなら、ほかの人からどう思われようが、どう言われようが、そんなことはプラスにもマイナスにもならないはずです。

あなたは、〝自分のために〟がんばっているのだということを忘れてはいけません。

そんなことは言われるまでもない、当たり前なことだと思うかもしれませんが、どうぞ、もう少しだけこの話に付き合ってください。

なぜなら、自分の目標を人に話すとき、あなたの心の裏側にはどんな悪魔が潜んでいるかわからないからです。


その悪魔のひとつが、「私を構って……」というヤツです。


自分の目標を実現する日々のステップは、本来、孤独な作業です。コーチングを受けていても、トレーナーがついていても、全体としてはチームで動いていても、最終的には、やっぱり〝やるのはあなた〟です。

自分の目標を実現するためには、多かれ少なかれこの孤独というものと付き合っていかなくてはなりません。

これはなかなか辛いことです。つい人に構ってほしくなります。「大丈夫？」と声をかけてほしくなります。それが人間というものです。

そんな中で、あなたが自分の目標を友達に話したとします。そうすると、あなたを愛する周囲の人たちはどう反応するでしょうか？

「がんばってね。応援するよ！」
「へぇ、すごいなあ。実現するといいね！」
「私にできることがあったら、何でも言ってね！」

もちろん、否定的なことを言う人もいるでしょうけれど、たいていは、こんなふうにあなたの目標に関心をもってくれて、そして応援してくれるはずです。

そうすると、あなたは気持ちがいいわけです。孤独感が癒《いや》されるわけです。

そして最初のうちは、

「どう？　ダイエット続いてる？」
「まだがんばってるの？　すごいなあ」
「もうすぐ、試験の本番だったよね？」

などと声をかけてくれるでしょう。あなたの努力が継続していることをねぎらってもくれるでしょう。

コツコツと孤独にモチベーションをつないでいかなくてはならない中で、これは大きな励みになります。

しかし、そんな友人たちも、別にあなたのことだけを考えて生活しているわけではありません。しばらく時間が経てば、あなたの目標のことなんか、もうすっかり話題にも上らなくなります。当たり前のことです。

もはや誰も、「まだ、努力は続いているかい？」などと声をかけてはくれなくなります。

そうなってくると、さあ、あなたは寂しくなってきます。構ってもらえないことに、不満を感じてくるようになります。

あなたは、ちょこちょこと自分の努力の進捗状況について友達にアピールしますが、みんなだってもうそんな話題には飽きてしまっていますから、あなたが期待するようなリアクションはしてくれません。

あなたはつまらなくなってきます。日々の努力を積み重ねることが、何だか無意味なことのように思えてきます。

そして、いつの間にか、目標実現の意欲すら萎えて、以前の自分に戻ってしまう――。

どうでしょうか？　いかにもありそうな流れですね。あなたの身近な人にも、こういう人がいるのではないでしょうか？

あるいは、ひょっとすると、あなた自身も、かつてはこんな落とし穴にはまったことがあるかもしれません。

もう一度、繰り返します――

あなたは、〝自分のために〟がんばっているのだということを忘れてはいけません。

あなたはあなた自身のためにがんばっているのです。それなのに、人に構ってもらわなければヤル気が続かないというのは、どう考えても間違った心のもちようです。

当たり前のようなことだからこそ、そこに悪魔の誘惑が入り込みやすくなります。

最初から目標を口にせず、自分の中にだけ密《ひそ》かにしまっておくことによって、このような悪魔の誘惑に乗せられずに済むのです。

みんなが励ましてくれようが、無関心であろうが、そんなことはまったく気にかけずに日々の孤独な努力に向き合っていけるほど、それほど意志が強い人であれば、目標をみんなに話したとしてもこのような落とし穴にははまらないでしょう。

しかし、私もあなたも、やっぱり弱い人間です。どんなに強がっても、それほど超人的な意志を持ち合わせているわけでもないでしょう。

だからこそ、こういった目標を周囲の人に言ってしまうことのデメリットも、ひとつの可能性として考えてみる価値はあるのではないかと思うのです。

周囲は邪魔をする？

目標を人にしゃべってしまうことの弊害は、ほかにも考えられます。

『「心のブレーキ」の外し方』において、私は、**潜在意識には〝現状維持メカニズム〟がある、**というお話をしました。

潜在意識というのは、できるだけ現状を維持しようとします。それは、ちょうど、母親が子供のことを心配して冒険をさせまいとするように、未知の危険からできるだけあなたを守ろうとするのです。

だから、あなたが自分を変えようと努力をはじめると、どこかで潜在意識が元のあなたに引きずり戻そうとしてくるのです。それによって、ダイエットにおける、リバウンドのようなことが起こるのです。

変わろうとがんばる意識と、現状のままでいようとする潜在意識――。

この葛藤の構図は、あなたという個人の内部での出来事です。人間というのは、決して統一的なものではなくて、たいていの場合には、このように内部分裂を起こしているものなのです。その葛藤があまり意識されないときというのは、たいていどちらか一方の力が圧倒的に強いときに過ぎないのであって、葛藤そのものは必ず存在しています。

それで、その内部分裂をなだめつつ、目標実現に向けて、あなたの意識と潜在意識が車の両輪のごとく協調していけるように調整するための方法論を提示したのが、『「心のブレーキ」の外し方』でした。

その中でも触れたことですが、あなた個人の中で意識と潜在意識の葛藤があるばかりでなく、グループの人間関係においても同じことが起こりえます。

つまり、あなたが今の自分から新しい自分に変わろうと努力をしはじめると、周囲の友人たちは無意識のうちにその邪魔をしようとするのです。

みんなの潜在意識が、グループをできるだけ現状の状態に維持しようとするためにです。

Therapy 4

禁煙が続かないわけ

わかりやすい例としては、タバコを吸う仲間同士だったとしたら、あなたが禁

煙しようとすると、

「もう二〇年も吸ってるのに、今さら禁煙したって意味ないよ」

「かえってストレスになって精神的によくないぜ」

「ムリムリ、オレなんて、毎週禁煙宣言してるよ」

「そんなに健康的な生活なんかして、どうしようっての？」

などというように、あなたの禁煙の決意を諦めさせるように振る舞いはじめます。あげくの果てには、あなたに煙を吹きかけてふざけたりします。

しかし、これもあくまでも潜在意識レベルでのことなので、彼らには悪意はありません。

こんなふうに、グループにはグループの潜在意識的な現状維持メカニズムが働くのですから、あなたがよりよい自分になろうと思って崇高なる目標を口にしたりすれば、周囲の人たちの潜在意識はそれを邪魔しようとしてくる可能性も否定できません。

「そんな夢みたいなことを言ってないで、現実に戻れよ」
「その歳でそんな無茶するなよ」
「何を熱くなってるんだよ。力抜けよ」

などと、あなたの決意を諦めさせようとしてきます。

くどいようですが、彼らは潜在意識的にそうしてしまうのであって、悪気はまったくないのです。むしろ、あなたのためによかれと思って、こういうことを言ってくるのです。

ですが、悪気がないからこそ、こちらとしてはしんどいのです。

結果として、あなたは目標を諦めてしまうか、あるいは友達から離れざるを得なくなるでしょう。どちらにしても、気持ちのいいことではありません。

ですから、潜在意識の現状維持メカニズムの観点から言っても、やはり目標は自分の心の中だけにしまっておくほうが安全だと、私は思うのです。

蛇足になりますが、念のためひとつだけ付け加えておきます。

同じ目標実現に向けて一緒にがんばっているチームメイトや、あなたの努力をサポートしてくれるコーチやトレーナーなどには、もちろん目標を口にしても問題はありません。

彼らはあなたと一心同体であり、潜在意識的にせよあなたの足を引っ張ることなどないはずですから。

目標を言わないことのプラスの側面

さて、「目標を言わないことによって、トラブルや邪魔を避けることができる」というような話ばかりでしたので、ややネガティブな側面が強調されすぎたかもしれません。

そこで、最後に、プラスの側面からも考えてみたいと思います。

たとえば、映画を観てものすごく感動したら、その映画のことを人に話したくなりますよね？　そんなふうにワクワクしたとき、どうしようもなくその気持ちを人に伝えたくなるのが人間というものです。

あなたは、自分の目標実現に向けて、当然、ワクワクしているわけです。だから、自分の目標を人に話したくてウズウズしたとしても、それは当然なのです。

では、せっかくのそのウズウズを、いっそ逆手に取ってみてはどうでしょうか？　言いたい気持ちをぐっと抑えるとします。「目標が形になるまでは人に言わない」ということを自分に課します。

しかし、あなたは言いたいわけです。どうしようもなく誰かに言いたくて言いたくてしょうがなくなります。

まだ、我慢します――

努力を重ね、目標実現が少しずつ現実的な感じになってきますと、ますます人に言いたい気持ちが高まってきます。

しかし、まだ、我慢します――

何しろあなたは、「目標が完全に実現するまでは絶対に人に言わない」と決めたのです。

まだ、我慢します――
まだ、我慢します――
まだ、我慢します――

さて、あなたの潜在意識は、そろそろこう考えはじめます。

「まだ我慢しないといけないのかなぁ～。ん～、もう早く言いたいなぁ～。一日も早く言うためにはどうしたらいいのかな？　あ、そうだ！　一日も早く目標を達成しちゃえばいいんだ！」

そして、できるだけ早く目標を実現するために、潜在意識は最大限の力を発揮します。目標実現への最短距離にあなたを導き、あなたのモチベーションをどんどん加速し、さらに多くのチャンスを引き寄せてくれるのです。

ちょうど、車のエンジンと同じです。気化したガソリンをぐっと圧縮して、そこに点火するからこそ、大きな爆発を起こして、車を動かすエネルギーになるわけです。

それと同じように、言いたい気持ちをぐっと抑えることで、それはあなたの目標実現のための圧縮されたエネルギーとなり、大きな爆発力を発揮するのです。

だから、私のところのモチベーションセラピーでは、これを**〝モチベーションの圧縮〟**と呼んでいます。

ワクワクする目標を公表したい。人に聞いてほしい。その気持ちをぐっと抑えることで、目標をより速やかに実現するための潜在意識的な爆発力が産まれてくるのです。

目標が実現し、あなたのワクワクが形になったときには、放っておいても周りの人たちのほうから気がついて、あなたに声をかけてきます。

そうなってから、思う存分、注目される快感を味わえばいい。

楽しみは、後のほうにとっておきましょう。

コラム 「間違った道の途中で」

正しい道を歩くことだけが、人生じゃない。間違いから学ぶことも多いし、失敗してみてはじめてわかることもある。

正しいことだけをやろうと思うと、何もできなくなってしまう。失敗から学ぼうと思えば、冒険もできる。

間違った道を選んだっていい。後で後悔するかもしれないけれど、それも悪くない。間違った道を選んだからこそ、本当に自分の進むべき方向がようやく見えてくることだってある。

人と比べてはいけない。自分は自分の人生を生きているのだということを忘れてはいけない。人にとっての間違った道が、自分にとっては、案外、ドラマチックな道かもしれない。

「あれ、道に迷ったかなあ?」なんて小首を傾げながら毎日を歩いたりする

Therapy 4

のもまた楽しい。迷い込んだ道で、偶然、ステキな誰かに出会うこともある。正しい道を歩いていたら、きっと出会えなかった人だ。

昔、カーナビなんてものの出はじめの頃、ある雑誌にこんなことが書いてあった。

「あなたの車にカーナビを搭載すれば、もう道に迷う心配はないだろう。けれども、同時に、道に迷うことによって初めて発見するたくさんの喜びをも失うことになるだろう」と。

人生はかくも複雑なのに、カーナビどころか、生まれるときにカンタンなマニュアルすら与えられない。その事実からしても、これは神様の配慮だということがわかる。

自分なりのフリースタイルで生きていいのだと、きっと神様は言っている。

Therapy 5

なぜ、あなたは自分の夢を信じなくてはいけないのか？

心も進化している

日本人の体型は、三十年前と現在では、ずいぶん違っているはずです。

わざわざデータなどを取らなくても、三十年前のニュース映像とか、あるいはあなたのお父さんやお母さんの若い頃の写真を見る機会でもあれば、「やっぱり昔風の体つきだなあ……」などというふうに感じるのではないかと思います。

タイムマシーンに乗って、三十年前の日本に戻って洋品店で服を選ぶとしたら、デザインが古臭いのはもちろんですが、サイズにだってかなり切実な無理があるはずです。おそらく、今のあなたにジャストフィットする服なんか全然ないんじゃないかと思います。

こんなふうに、長い歴史の中で人間の身体が変わってきているということは、それは誰にでも納得できることだと思いますが、「心も同じように変わってきている」ということになると、あまり意識されることがありません。

心もまた、人間の長い長い歴史の中で進化し続けています。

しかし、そのことがほとんど漠然としか意識されないのはなぜかというと、当たり前のようなことを申し上げて恐縮ですが、心の問題は身体の問題と違って、「あら！　ウエストが先月よりも三センチも細くなったわ！」などというように数値化できないからです。

せいぜい、あたかも数値化できたような〝フリ〟をすることができるくらいです。たとえば、何百人かの被験者に心理テストをして、それを集計したデータを分析した結果を見ることで、私たちの〝心〟がわかったような気になる――。

しかし、あなたも私も、どんな人も、〝ひとりの私〟として生きているのであって、決して実験室の被験者の平均値として考えたり感じたりしているわけではありません。

身体の問題だったら、身長にしても体重にしても血糖値にしても、あなたの〝身体そのもの〟を測ることができます。だからその測定の結果には妥当性があるし、あなたの身体をリアルに反映したものだといえるでしょう。

しかし、心というのはモノではありませんから、あなたの〝心そのもの〟を測ることなんかできっこない。

心拍数は測れます。あなたが、ドキドキしていることはわかります。心拍数一二〇――そのドキドキは、「密かに想いを寄せていた人から、ついさっき告白された！」ということによるのかもしれないし、「午後一番に難しい商談を控えて逃げ出したいほど緊張している」ということによるのかもしれない。

このふたつは、あなたにとってまったく対極にあるシチュエーションですが、どんな精密機械で測定しても、それを外から区別をすることはできません。データにしてしまえばいずれも心拍数一二〇でまったく同じ。でも、天にも昇るほどの恋の喜びと、逃げ出したいほど辛い仕事の緊張とでは、いったいどこが同じだというのでしょうか？

こんなふうに測れないもの、つまり、数値によってデータ化できないのが心というものですから、心の問題について解説するとなると、どれだけ周到にやっても、どうしても独断的に聞こえてしまう部分とか、誤解されてしまう部分とか、論理的に矛盾してしまう部分などが出てきてしまいます。

Therapy 5

物語で伝えるわけ

心のことについてお話する場合には、いつだってこの悩みが伴います。

そのために、昔から、心の重要な問題を人に伝えるときには、〝物語〟が使われてきました。聖書の中のイエス・キリストの言葉もそうですし、私の大好きな中国の『荘子（そうじ）』という書物などは、ほとんど最初から最後までただただ小さな物語の集まりで、それによって心の大切な問題を教えようとしてくれます。

宗教ばかりではありません。

私はもともと催眠療法という心理療法のセラピストだったのですが、催眠療法というセラピーもまた、〝物語〟や〝たとえ話〟を使って、クライアントの心に治療的なメッセージの種を植えていくということをテクニックとしてやります。

だから、これから本書の後半で私がお話することも、あまり堅苦しく捉えずに、物語を読むときのようなラクな気持ちで、「まあ、そういう考え方も可能性としてはアリだな」というくらいに理解してもらえればいい。

そういう気持ちで読んでもらえれば、これから私がお話ししようとしていることが、あなたの心にストレートに届くのではないかと思うのです。

自分自身の内に根拠をもつ

心も身体と同じように、長い歴史の中で進化しているのですが、数値化できないがために、私たちはその変化をあまり意識することがない——というお話をしましたが、では、心はどんなふうに進化していると言えるのでしょうか?

身近な例を挙げて考えてみましょう。

たとえば、ちょっと前までは企業の終身雇用制は常識のようなものでした。

私が高校生のとき、友人に、「日本でもやがて終身雇用制は崩れる。大企業にぶら下がっているだけのヤツらはどんどんクビを切られるし、できるヤツらは独立して自由に自分の力を発揮できる時代がくる」と友達に話したら、誰も信じようとしませんでした。

「日本っていうのは、みんなでお神輿を担ぐように発展してきたんだ。終身雇用はなくならない。企業は社員の面倒を一生みるし、社員も企業のために一生を捧げる。それが日本人の美しいところだ。アメリカみたいになんかなるはずがない」

と友人たちのほとんどがそう言いましたし、それが一般的な常識だったと思います。

たしかにそれは日本人の美しいところだったと思います。しかし、美徳の表現も心の反映である以上、時代とともに変化し、進化していくはずだということを、その人たちは見逃していたのです。

あれから三十年近く経った今、〝リストラ〟なんていう言葉が産まれたかと思ったらもうすでに陳腐化どころか死語になった感があります。「大企業に就職すれば一生安心」などと信じている人のほうがはるかに少ないでしょう。

もちろん、悪い側面ばかりではありません。

今は、情報起業などが盛んですが、アイデアさえあれば、資本や人脈がゼロに近かったとしても大成功できるチャンスは十分にあります。

若い仲間同士が集まった小さな会社だからといって、そのことだけで大企業と比べてバカにされるようなことだって、少なくとも昔に比べればほとんどないに等しいはずです。

終身雇用制が崩れたのと同時に、新たな希望もまた産まれたのだということを見逃すわけにはいかないと思うのです。

どんな人にも、自分の力で成功できる可能性を与えてあげられる――それだって、私たちのすばらしい美徳に違いありません。

権威なんかいらない!

個人の実力だけで勝負できるということ。しかし、それは逆から言えば、「私たちひとりひとりが、何かにすがるのではなく、自分の脚で立たなくてはならない」ということになります。

権威的な立場にある人にお伺いを立てて物事を判断するのではなく、定評のある文献を紐解いてそこから答えを見つけるのでもなく、ひとりひとりが自分自身を拠《よ》り所にして重要な判断をし、人生を切りひらいていくことが求められているのです。

ここ何年間かのニュースを振り返って思い出してみるだけでも、このことが象徴的に表現されていることに気づくはずです。

老舗のグループ企業だって、ちょっとナメて手を抜くとたちまち内部告発でやられてしまいます。有名なブランドだけに、そのダメージは大きく、一気に信用を失ってしまいます。

いわゆる昔風のワンマン経営者のようなカリスマが、現場の人たちの小さな力によって引きずり降ろされる姿も、もはや珍しいことではなくなっています。

権威ある専門家のテレビでのコメントが、実は捏造《ねつ》されたものだったということで大騒ぎになったこともありました。今や、「テレビで言っていたから」とか「専門家の裏づけがあるから」ということだけでそれを全面的に信頼していいなどと信じている人のほうが少ないでしょう。

強いカリスマや権威がトップにあって、ほかのみんながそれに自分を合わせて仕事をするとか、どこかの誰かが保証したデータを全面的に信頼して物事を判断する、というような心のあり方が、もう現代にはそぐわないものになっているのです。

どんなにそれが困難だったとしても、ひとりひとりが、自分自身を拠り所にして生きる。今は、そういう心のあり方が求められている時代なのです。

ひとりひとりが、〝自らの権威〟となって生きるべき時代なのです。

〝心のあり方〟の変化

私はもともと催眠療法の心理セラピーをやっていた、と先ほど申し上げました。そして、テクニックとして、〝物語〟を使ってクライアントにメッセージを伝えていくのだ、とも言いました。

そこで、「でも、催眠って、〝物語〟っていうよりも、『あなたはニワトリだ！』なんていうふうに命令して従わせるものなんじゃないの？」と疑問に感じた方もおられるかもしれません。

たしかに、十八世紀や十九世紀なら、まだそんなふうに権威的に上からエイッと命令するタイプの暗示がほとんどすべての人たちに効いたし、それが常識だったのです。テレビで見るような催眠術ショーのスタイルは、だから、そういう古い時代の名残なのです。

しかし、現代では、〝権威による命令〟で暗示にかかるような人はどんどん少なくなってきています。これからはもっともっと少なくなっていきます。

なぜなら――

そうです！　すでにお話ししてきたように、人間の心のあり方が、権威に合わせるのではなく、ひとりひとりが〝自らを拠り所として生きる〟心のあり方に進化してきているからです。

現代に生きる私たちは、何かにすがったり、自分を殺して権威に合わせたりするのではなく、ひとりひとりが自らの脚で立とうとする〝衝動〟をもちはじめています。

そういうふうに、私たちの心のあり方が進化してきているのです。

ですから、催眠療法のテクニックも、それに応じた方法論を取らなければならないわけです。高圧的に命令してクライアントを型にはめるのではなく、〝物語〟や〝たとえ話〟を使って〝示唆〟し、クライアントが自らの感性によってそれを解釈して成長できるように導く——それが今の時代に必要な催眠療法のカタチなのです。

〝物語〟を使った催眠療法のテクニックの具体的な内容については、本書の趣旨からそれてしまいますので、いずれ稿を改めてご紹介したいと思いますが、こういうところにも、心のあり方が進化している現実を感じることができるのだという例のひとつとして、催眠療法のお話をさせていただきました。

意識魂の時代

外の権威に合わせるのではなく、ひとりひとりが自分自身の内に根拠を見出して、それに従って行動できる心——。

ルドルフ・シュタイナー（一八六一年—一九二五年）は、こういう心のあり方のことを、〝意識魂〟（いしきこん）と呼びました。

シュタイナーによれば、人間の心のあり方は、十五世紀ごろからこの意識魂の時代に入っているのだそうです。

シュタイナーと言えば、日本では主に〝シュタイナー教育〟で知られていると思いますし、ほかにも芸術家や哲学者、社会学者など枚挙にいとまのないほどの多彩な顔をもっています。

しかし、シュタイナーというのは、その根本的な部分では何といっても〝神秘学者〟なのです。

神秘学というと、何かとても胡散《うさん》臭いもののように感じるかもしれませんが、私なりにかなり乱暴に定義すると、「神秘学というのは、モノを超えた〝見えざる世界〟の認識を、自然科学的なアプローチによって体系化しようとする学問」のことだと思うのです。

昔は宗教が担っていた部分、つまりただただ無条件に信じて帰依することによってのみ体験できた〝見えざる世界〟を、はっきりと覚めた意識をもって、つまり、自分というものをしっかりともったまま認識しようとするのが、神秘学の姿勢です。

だから迷信的・妄信的態度とは、むしろまったく逆の立場にあるのです。

そんな、下手をすればインチキ宗教呼ばわりされかねないようなことを、科学偏重の現代人たちにも受け入れてもらえるように伝えるにはどうしたらいいかという方法論をストイックに模索し、それを教育や芸術、医学、農業など、さまざまな人間の活動における具体的なカタチとして私たちに示してくれたのがシュタイナーだと思うのです。

悟性魂からの解放

いま申し上げたように、〝見えざる心の世界〟のことを伝えるという役割は、昔は宗教が担っていました。ある宗教に絶対的に帰依して、その教えを無条件に受け入れる――。

そういうカタチが可能だったのは、昔は、ある権威を設定して、その権威に自分をどれだけ合わせられるかが、心の自然なあり方だったからです。

先ほどの話のように、かつては、企業や権威の期待に応えられる人間になることが心の大切なあり方だった時代があったのと同じことです。

これをシュタイナーは〝悟性魂〟（ごせいこん）の時代と呼んでいます。

十五世紀から二十一世紀の現在に至るまで、人類は、この悟性魂から、より高度な意識魂の時代へとシフトしていく流れの中にあるということです。

ちなみに、ロビン・ウィリアムズ主演の『いまを生きる』という有名な映画がありますが、これなども、悟性魂的な環境の中で必死になって自らの意識魂を花咲かせようとしている人たちの、勇気と苦しみと希望を描いている作品です。

二十一世紀に入った現在でもなお、この意識魂は、悟性魂の中に埋もれ、何とか自らを実現しようと苦しんでいる真っ只中にあると思うのです。

意識魂を花咲かせるという、その〝産みの苦しみ〟の真っ只中に、私たちはいるのです。

大きな流れに乗れ

もうちょっと断定的に言わせてもらえば、

「時代の流れを考慮するなら、これからの私たちは、権威や人に従うのではなく、自分自身を拠り所にして生きていくべきなのだ。これからの時代の私たちの幸せとか、ビジネスの成功というものは、その流れに乗ることによって確実なものになっていくだろう」

ということになります。

もう少しわかりやすく表現しましょう。

現代では、どんな人も、ただ盲目的に権威にぶら下がって生きることでは満足できません。自分自身で納得してから決断し、行動することを求めます。

常識どおりの、ありきたりの生活をするだけでは、だんだんと落ち着かなくなってきます。「これはただのわがままかしら?」と思いながらも、〝いい子〟にしていると、やっぱりもっと自分らしく生きたいとジリジリしてきます。

ファッションにしても、何が流行っているかということよりも、より自分らしさを表現できるものを求めます。遠慮がちにも、自分だけのちょっとした工夫をファッションに加えたりするとワクワクします。

「高校ぐらい卒業しないと、幸せになれませんよ」などと断定的に言われると、「高校なんか出てなくたって、私なりの輝ける人生を実現することだってできるはずだ！」と猛烈に反発したくなります。

大企業に就職して安定した生活を享受するよりも、たとえ経済的なリスクが大きくても、自分の夢に人生を賭けてみたいと誰もが感じています。

あるいは、人と比べたり、比べられたりすることにうんざりして、ナンバーワンだとかオンリーワンだとかいう言葉に、何だかどうしようもないつまらなさを感じてしまう。

「私は確かにぼんやりしているけど、それでも何か私にしかできない輝ける才能なり力なりが、こんな私の中にだって眠っているのではないだろうか？」という思いが、なだめてもなだめても突き上げてくる――。

そういう衝動が、程度の差こそあれ、私たちひとりひとりの心の中で燃えているのです。それこそが、あなたの心の中に意識魂が芽生えつつあることの表れなのです。

あなたにも、きっとそういうところがあるはずです。

そうでなければ、そもそも何の権威もない私の本などを読んでいるはずがありません。あなたは、すでに本書を読みながら、**「何だかよくわからないけれども、大切なものに触れたような気がする」**という想いを抱いてくれているはずです。あなたの中で、あなたの意識魂が必死で芽を出そうとしているのです。自らを輝かせようともがいているのです。

だから、他人から見て、常識から考えて、その夢がどんなに馬鹿げたものであったとしても、それが人マネではなく、損得勘定でもなく、人のすすめでもなく、あなた自身の心の深いところから突き上げてくるものだとあなたが感じたならば、その情熱を信じていい時代が来ているのです——いや、むしろそれを信じる〝べき〟時代なのです。

あなたがもし、今、まだ輝いていないのだとしたら、自分がまだ最高の人生を生きているという実感がもてないでいるとしたら、その理由はただひとつ。

「あなたは、自分の内なる声を押し殺し、他人の尺度で生きている」

ということ。

だから、この章の結論は、要するにこういうことです――

あなたの中に「こういうことをやりたい」という夢があるなら、人間全体の魂の成長の観点から言っても、あなたは何としてもその夢を実現すべく一歩を踏み出すべきだ、と。

あなたの中から突き上げてくる夢や目標や憧れは、人類全体の進化の一端なのです。

コラム 「軽蔑」

たとえば、十年前の自分を振り返ったとき、その頃の自分を軽蔑できるのは、その十年間で自分が進歩したからです。

だとすれば、昨日の自分を振り返って恥ずかしい気持ちになれる自分は、この一日で魂が向上したのだと言えるのではないでしょうか？

もし私が今の自分を恥ずかしく思えるのだとしたら、それは、実際には〝今この瞬間の自分〟を恥じているのではないはずです。なぜなら〝自分を恥じている自分〟を恥じているわけではなく、恥じる直前の自分を恥じているのだから。

だから、私は、恥じる一瞬前の自分を恥じていることになる。

ということは、私は、そのほんの刹那の間に成長したのだということになる。

Therapy 5

常に、自らを恥じ、軽蔑できる人は、一瞬一瞬に成長している人だ。

自らを恥じることも、軽蔑することのできない人は、何も進歩していない人だ。

Therapy 6

なぜ、正解を求めてはいけないのか？

白紙の答案用紙

『ゴルゴ13』で有名な漫画家のさいとう・たかを氏は、かつてはかなりの不良少年だったそうです。

中学時代にも、テストの答案用紙などはまったくの白紙で出していたらしいのです。

ところが、ある日、担任の先生から、

「斎藤、お前が白紙で出すと決めたならそれでいいだろう。しかし、お前は自分の責任において白紙で出すのだから、名前だけはちゃんと書け！」

と言われて、たいへんな衝撃を受けたのだそうです。

この先生は〝東郷〟という名前で、それが後にゴルゴ13の名前である〝デューク東郷〟として採用されるわけですから、このときの先生の言葉がどれほど若きさいとう・たかを氏の魂を揺さぶったかが窺えます。

「それがお前の意志なら、オレはそれを尊重してやろう。だが、その結果の責任は自分自身で取るのだという覚悟を示せ！　そうでなければ、せっかくのお前の尊い意志も、ただのわがままな態度と変わらないものになってしまうのだから」

ということをこの先生は教えたかったのでしょう。

そして、これこそがまさに意識魂的な態度なのです。

意識魂的な生き方というのは、絶対的に自由であると同時に、その責任も絶対的に自分自身が負う――その両面によって成り立っているのです。

もし、「お前、白紙でばかり出していたら、卒業できないぞ。中学で放り出されたら仕事もないぞ」などと指導するとしたら、その先生は悟性魂的態度で生徒に接していることになります。

それだって、愛情あふれる指導であることには違いありません。生徒たちに幸せな人生を送って欲しいと願うのは当然です。生徒の自由を縛りたくはないけれど、学校を追い出されて、路頭に迷うなんて辛い体験は、やっぱりさせたくありません。

しかし、意識魂的な態度はまったく逆の立場に立ちます。

本人が白紙で答案を出し続け、中学校を退学になり、仕事もなく、ろくに食事もできないような極貧生活に陥ったとしても、もしそれが本人の意志で選んだ人生であるなら、その姿を祝福してあげられるのが意識魂的な態度です。

「世間から見れば、お前は、ただの負け組にしか見えないかもしれない。しかし、今のお前は、自分の意志で人生を貫いてきた輝きに満ちているぞ！」と。

もちろん、一〇〇パーセントそういう意識魂的な態度に終始するなんてことは、どんな人間にもできっこありません。それは理想論です。どんなことも極端に走れば悪になります。人生には悟性魂的な生き方の部分も必要だということは、言うまでもありません。

ただ、今の時代においては、ひとりひとりの意識魂を輝かせることがより強く求められているということを、私たちは意識しておく必要があると思うのです。

Therapy 6

決断力の本当の意味

よく、ビジネス書や自己啓発本などでは、「自分に起こることは一〇〇パーセント自分の責任だと考えよ」というようなことが説かれていますが、これなども、つまるところは意識魂を活性化させるための教えなのです。

外に正解を求めるのではなく、自らの内にある根拠によって判断する。ただし、同時に、その結果生じることは、すべて自らの責任として受け入れる覚悟をもつ。

大きなことを成し遂げる上ではこういう意識魂的な心のあり方が絶対に必要なものだということを、成功者たちは直観的に知っています。

そういうことがわかっている人たちは、誰から反対されようとも自分の信念を貫けるし、たとえその結果が最悪のものになろうとも、決して他人のせいになんかしません。

ぐずぐずしていてチャンスを逃す人というのは、結局のところ、自分の決断の結果責任を負う肚ができていないのです。だから、情報がいくらあっても、やっぱりいつも決断が遅れてしまうのです。

つまり、いわゆる〝決断力〟というのは、正しい判断をする力のことではなく、「自分の判断に責任をもつ覚悟のこと」だと言うこともできるのです。

大切なことは、

「その結果のすべての責任を自分で負う覚悟で選択するのであれば、どんな選択をしてもそれがあなたにとっての〝正解〟だ」

ということです。

正解というのは、外にはない。インターネットや書籍を漁っても、専門家に聞いても、あちこちのセミナーに顔を出しても、本当の正解なんか見つからない。あなた自身が、正解を〝作る〟のです。

もちろん、身体の調子が悪くて、医者にアドバイスを求めるとか、臨時の所得をどう申告すればいいかわからずに、税理士に相談するというようなこともあるでしょうけれど、そういうことが悪いと言っているのではありません。

どんなに専門家のアドバイスを聞いても、最終的に判断するのはあなた自身であって、結果をその専門家のせいにすることはできないと言っているのです。

それが意識魂的な態度だと申し上げているのです。

外に正解を求めてはいけません。
〝あなた〟が正解そのものになるのです。

Therapy 6

どちらを選んでも〝正解〟

「会社に残るべきでしょうか？　それとも、自分の夢に向かって独立すべきでしょうか？」

このような質問を街の占い師にすれば、きっと、「今年は運勢が悪いから、来年以降にしたほうがいい」などというようなことを教えてくれるでしょう。

しかし、私たちのようなパーソナルモチベーターの使命は、クライアントの意識魂を輝かせるべく導くことにありますから、たとえば、次のように答えます。

「会社に残っても、独立しても、どちらを選んでも正解です。その決断によって生じるすべての結果の責任をあなたが負うのであれば——」

その前提に立って、それぞれの選択肢のメリットとデメリットを、クライアントとともに考えていきます。そして、最終的には、クライアントが自らの責任において進む道を選択できるように導くのです。

たとえば、会社に残った場合のメリットとしては、経済的に安定できる、ひとりではできないような大きな仕事にチャレンジする場がある、社会的にも信頼が得られる——などを挙げることができるかもしれません。

デメリットとしては、自分が本当にやりたい夢を諦めなくてはならない、納得いかない仕事も妥協してやらなくてはならない、時間が自由に使えない——などという面があるかもしれません。

独立することについても、同じように、メリットとデメリットをしっかりと考えていきます。

何をメリットと考え、何をデメリットと考えるかは、クライアントによって異なるでしょうけれども、大切なことは、そのメリットとデメリットの両方をクライアントにしっかりと直視させることなのです。

とかく、現状のデメリットばかりに意識が向いて、現状のメリットの価値を軽んじてしまったり、逆に夢のいいところばかりに目が行ってしまって、夢を実現することで失うものもあるのだという事実から目をそらしてしまいがちです。

しかし、くどいようですが、意識魂的な心のあり方は、責任に裏打ちされた自由です。メリットだけを享受してデメリットからは目をそらすという態度は、自らの意識魂を曇らせることになります。

あなたがあなたとして輝くためには、自由と責任の両方の面をしっかりと見据え、そして、外に正解を求めず、自分自身で決断する必要があるのです。

どうしたらいいかわからない

言葉にすればカンタンなことのようですが、自分の責任において決断するというのは、実際には相当に難しいことのようです。

「どうしたらいいかわからない」と言って私のところに相談に見える人がいます。〝正解〟を教えてください、というわけです。

ところが、話を聞いていると、どうしたらいいかわからないのではなくて、自分がするべきことはちゃんとわかっているのに、「それを受け入れたくない」とダダをこねているだけである場合があるのです。

いや、むしろそういう人の方がはるかに多いように思います。

たとえば、〝右か左〟のふたつだけ——どう考えてもそれしか選択肢が残っていないのに、「右もいやだ。左もいやだ。かといってここで止まっているのもいやだ」などと言う。

これは迷っているのではなくて、ダダをこねているのです。

もうちょっと複雑な話に仕立てられてはいても、要するに言っているのはそういうことなのです。

そういう人は、好ましくない状況にはまったとき、ダダをこねていれば誰かが助けてくれるもんだと、心の底ではそう期待しているのです。

こんな態度は、意識魂とはほど遠い、はるかに退行した心のあり方です。

でも、そういうズルいところがある分だけ、言い訳もうまいし、その言い訳を自分で信じ込むほどの厚かましさも持ち合わせているものです。

Therapy 6 自分の選んだ道なら

望みどおりの道が開けていれば、そりゃあ誰も迷いはしません。ラクな道があるならば、誰だって容易に判断も選択もできる。

どれを選んでも苦しいし、怖いし、寂しいし、リスクもある。そういう中から選ぶのだからこそ、自ら〝決断〟したのだと言えるのではないでしょうか？

前に申し上げたように、私は催眠療法のセラピーを長くやっていたのですが、こんなふうにダダをこねている人は、〝催眠〟とか〝潜在意識〟という言葉を聞くと、とても期待するらしいのです。

「右も左もいやだけど、催眠の力で潜在意識が開発され、空に浮かべる」などと思うらしいのです。

しかし、そうはいかないし、そうはさせません。

私が厳しいわけではありません。意識魂のあり方というものが厳しいものなのですから、その理念を元になされるパーソナルモチベーターのカウンセリングが厳しいスタンスに立つのは当然です。

「石井さんは、とっても冷たいですね。○○先生なんか、もっと私の苦しみをわかってくれたのに」などと言われました。その○○先生では問題が解決できなかったからこそ私のところに来てくれたはずなのに、そんなことにすら気づこうとしないのです……。

ゲーテ『ファウスト』のメフィストフェレスは、悪魔だからもっと遠慮なく辛辣です。

「自分で骨を折ってこその成功ということが、この馬鹿者たちにはいつになってもわからない。よしんばあいつらが賢者の石を手に入れても、石はあっても賢者の方がご不在だろう」（中央公論社版・手塚富雄訳）

もちろん、全部の人がダダをこねているというわけではありません。本当に自分がどうしたらよいのかわからなくて、それでアドバイスやヒントを求めて来る人もたしかにいます。

しかし、そういう人たちは「ああ、自分はこうすればいいんだ」と気づけばすぐにその行動を起こせるものです。

そこですぐに行動できるのか、それでもまだダダをこねるのかが、本当に主体性をもって、意識魂的に人生を生きようとしているのかどうかの試金石だと思うのです。

どんな道でも、自分が選んだのなら必ず活路はひらける。

選ぶこともせずに、いよいよそっちへ行かざるを得なくなる状況になってはじめて行動するのなら、それは行動したんじゃない。行動させられたに過ぎない。**生きたことにならない。転がされた石と同じです。**

もちろん、それでも言い訳をして、自分の魂の深みから突き上げてくる夢や理想や憧れから目をそらしながら生きていくこともできるでしょう。

しかし、人生が終わるときには、どんな立派な言い訳も何の慰めにもならない。

ただ、「自分が選んだ人生だったのだ」という確信だけが、振り返った日々を輝かせるのです。

コラム 「S君と彼の毛ガニ」

小学校一年生の頃。

S君の席は私のすぐ後ろでした。勉強はからっきしだめだけれども、野球をやらせたら誰にも負けない、身体が大きくて、面白くて、わんぱくを絵に描いたような子でした。

ある日、S君は前の晩に食べた毛ガニの殻を学校に持ってきました。甲羅の部分に、まだ黒くてテカテカした小さな目がついていて、大きくて立派な毛ガニの殻でした。

S君はそれを大事そうに触りながら、組みあがったプラモデルを眺めるように、「すごいなあ、すごいなあ」と言っていた。

彼にとって、甲羅の形や質感が、この上なくカッコよく思えたらしいのです。

朝一番の授業で、クラス担任のH先生が入ってきました。

H先生は、しゃべるたびに口角から泡が出る、おばあちゃん先生でした。あるいは、当時の私たちにとっておばあさんに見えただけで、実際にはそれほどおばあさんじゃなかったのかもしれません。

S君は彼の毛ガニを先生に見せたくて仕方なかったようで、そしてそのためにわざわざ丁寧に洗って学校まで持ってきたようで、いの一番に教壇に駆け寄り、H先生に自慢の毛ガニを差し出しました。

ところが、H先生は、まるでゴキブリでも見せられたかのように、目をまん丸くして、そして、「何を学校に持ってきてんの！ 汚いわね。そんなもの早く捨てなさい！」とS君を怒鳴りつけたのです。先生の口角からは、いつもよりたくさん泡が飛んでいました。

S君は、もちろん毛ガニを捨てることなんかできっこなくて、そのまま小さくなって席に戻ってきました。私は、気の毒になって、席に戻ってくる彼から目をそらしました。

S君がH先生に怒鳴られるのは、何も特別のことではありません。授業中にふざけて叱られるのは日常茶飯事でした。それでも、いつも元気なS君がこのときほどしょんぼりしてしまったのを私は見たことがありませんでした。

何もなかったように授業は進みました。

しばらくして後ろを見てみると、S君は机の下でやっぱり毛ガニを大切そうに触っていました。

教室の前の方には、先生専用の本棚があって、立派な本が並んでいました。本のタイトルは難しい漢字で読めなかったけれども、子供の心を勉強する本なのだなという程度のことは私にもわかりました。

そしてそれを見るたびいつも不思議に思いました。なぜわざわざ大人が書いた子供に関する本を読むんだろう。子供の心が知りたいのなら、僕らに聞いてくれればいいのに、と。

H先生は、子供の心を教育書に求めた。そして、目の前で日々息づく子供たちの心を感じようとはしなかった。

日焼けした野球少年を見かけると必ず、私はS君と彼の毛ガニを思い出します。

あれから三十五年——。S君は、毛ガニの殻に一緒に感動してくれる人と出会えただろうか。

Therapy 7

なぜ、この1000万円は
誰にも盗めないのか？

見えない世界

「どうもご無沙汰《ぶさた》しております」

「どうも。その後、お店の調子はいかがですか？」

「前回、教えていただいたことをやってみましてから、どんどんお客さまに来ていただけるようになりまして、おかげさまで店も大繁盛しています」

「それはよかった」

「それがよくないんです」

「大繁盛がよくないんですか？」

「いえ、大繁盛はいいのですが……。実は、この三カ月間で稼いだ店の利益、一千万円を、つい先週、まるごと空き巣にやられてしまったんです」

「それがどうかしましたか？」

「どうかしたかって……たいへんなことでしょう？」

「そうですか？」

「またヘンなリアクションしますね。すべて水の泡になってしまったんですよ」

「そうですか？　水の泡になりましたか？」

「そうでしょう？　この三カ月間、必死で稼いだ金が一瞬で消えてなくなってしまったんです。それまで順調に行っていただけに、気持ちがもう落ち込んでしまって、どうしても気力がわいてこなくて……。それで、もう店を畳もうかと思っているんです」

「それがいいですね」

「え？　いいんですか、店をやめても」

「それがあなたの決断なら、それが一番いいでしょう」

「いや、まだすっかり決断したというわけではないんで、何か言ってくださいよ」

「何かって、何を？」

「どんなに誠実にがんばったって、ああやって空き巣に盗まれてしまったら、すべてが一瞬で消えてなくなっちゃうなんて、この不条理、どうしても納得できないんですよ」

「一千万円の札束がなくなれば、この三カ月間やってきたことの意味は、すべてなくなったことになりますか？」

「そりゃそうでしょう。利益が消えちゃうなら、商売する意味なんかないですよ」

「でも、**札束はなくなっても、一千万円を稼ぎ出した商人としてのあなたの〝力〟は消えてはいないでしょう？**」

「いや、そういう気休めを聞きたいのではなくて――」

「あなたはたしかに自分の力で一千万円を稼ぎ出したのだから、その力を使ってまた稼げばいいでしょう？」

「まあねえ……。やっぱり気休めを聞かされているようにしか思えませんね」

「要するに、あなたは目に見えるものしか信じられないんですね？」

「ええ、そうですとも。私は、目に見えるものしか信じません。〝見えない世界〟だなんて、そんな胡散臭い話なら聞きたくありません――」

「たしか、あなたには娘さんがいらしたと思いますが」

「娘ですか？　はい、小学校四年生になりました」

「可愛いですか？」

「そりゃあもう、私に似て――」

「じゃあ、その娘さんが、あなたに何かプレゼントを買ってくれたとしますね——」

「あ、プレゼントなら、先日、私の誕生日にマグカップを買ってくれました」

「ほお、それは素敵だ。娘さんが自分で選んだんですかね？」

「ええ、私にぴったりな猿のイラストの入ったヤツを探して、まる一日かけていろんな店を回ったと言ってました」

「あなたにぴったりな猿？」

「ええ、中年《さるどし》なもんで」

「なるほど。それで、たとえば、私がそのマグカップを割ってしまったとしましょう」

「何でまたそんなヒドイことを——」

「つい、手がすべったんです。でも、私はまったく同じマグカップを買ってあなたに弁償します。それでいいでしょう？　文句はないでしょう？」

「いや、文句はありますよ。娘が一生懸命に選んでくれたヤツなんだから——」

「でも、材質も、重さも、価格も、何もかもまったく同じモノですよ。デザインも、あなたにぴったりの猿のヤツです」

「そうですけど、娘の想いが入っているヤツとは——」

「想い？　マグカップのどこをどう調べても、そんなものは存在しませんよ」

「そりゃそうですけれど――」

「つまり、やっぱりあなたは〝目に見えないもの〟を信じているわけです。信じているどころか、その〝見えないもの〟を大切にすらしているじゃないですか」

「ふむ、なるほど。そう言われてみればそうですねえ」

「じゃあ、娘さんのくれたマグカップが、たとえば、空き巣に盗まれたとします」

「空き巣が……マグカップを？」

「マグカップはもう姿も形もありません」

「はあ」

「娘さんのあなたへの想いも、なくなってしまいますか？」

「いえ――」

「あなたのことを想って、一日かけてたくさんの店を回った娘さんの気持ちは、なかったことになりますか？」

「いえ――」

「マグカップが盗まれてしまっても、娘さんのあなたへの想いは消えませんね？」

「断じて消えません」

「しかし、あなたは、一千万円の札束が盗まれたから、一千万円を稼ぎ出した自分の力も存在しないとおっしゃいました。そんなものは気休めだとおっしゃいましたね？」

「なるほど……いや、わかりました。私が間違っていました。私は、目に見える札束だけに気持ちが向いていました。**大切なのは、お金そのものではない。お金を稼ぐことによって身につけた力、商人としての力。**それは、おっしゃるように不滅ですものね」

「一千万円の札束を盗むことはできても、一千万円を稼いだあなたの〝力〟を盗むことなんか、どんな泥棒にもできません。だから、心配はいらない。その力を使って、これからもっともっと稼げばいいんです」

「そうですね。ありがとうございます。少しは勇気がわいてきた気がします」

「それはよかった」

「……」

「まだ何か？」

「あの、ちょっとこういうことを聞いていいものかどうかと迷うのですが……」

「どうぞ、何でも」

「モノとしての札束は消えても、それを産み出した見えざる力は残る……。**だとしたら、人間は……その……肉体が死んでも、人生を生き抜いた〝力〟というか、魂のようなものは残るのだと……そういうことも言えないでしょうか？**」

「さっきまで、そういう話は胡散臭いと言っておられたが——」

「ええ、ええ。そうなんですが……」

「ピアニストがいたとします」

「はい？」

「ピアニストです。天才的なピアニストで、彼は、そのキャリアの中で、比類ない音楽的センスと、超絶技巧と、独創性を磨き上げてきたのです」

「はあ」

「ところが、あるおかしな事情で、この世からピアノというピアノがすべてなくなってしまったとします。世の中には思いがけないことが起こるものです。もしそういうことがあったとすると、この天才ピアニストの〝才能〟もなくなったのだと言えるでしょうか？」

「ふむ……。まず、ピアノがなければ、そりゃあ、演奏はできませんよね。だから、そのピアニストは自分の才能を音楽として表現することはできなくなりますよね」

「そうですね」

「しかし、だからと言って、〝才能〟も一緒になくなったという言い方は、ちょっと違うような気がします。ピアノは才能を表現する道具であっても、才能そのものではないわけですから……」

「うん、そうですね」

「つまり、ピアニストとしての才能は、耳に聞こえる音楽としては現れないけれども、現れない形で〝存在〟している、と言えるのでは……」

「ええ、そう言えますよね。だとすれば、**この肉体が死とともに滅びたとき、私たちは、ちょうど、ピアノを失ったピアニストのようなものだとは考えられないでしょうか？**　少なくともこの物質世界には顕現できないけれども、顕現しない形で〝存在〟していると言えなくはないでしょうか？　もちろん、可能性として、ということですが」

「なるほど。たしかに、可能性としてはそういう考え方もあり得ますよね」

「あり得ますね」

「……」

「何か？」

「あの、モノとしてのマグカップが失われた後も、娘の〝想い〟がちゃんと〝存在〟している場所があるわけですよね？　それで、その場所も、ピアノを失ったピアニストの才能が〝存在〟している場所も、肉体を失った人間が〝存在〟している場所も、同じ場所だと言えなくもないかと……」

「そうですね。そう考えることも可能ですね」

「そういうふうに捉えれば、いわゆる〝死後の世界〟というのも、別に死後だけに関わるものではなくて、生きている間も、常に関わっている世界ということになりますよね……あれ？」

「はい」

「ちょっと待ってくださいよ。今のピアニストの例ですが……」

「ええ」

「ピアノを失っても、彼の才能は現れない形で〝存在〟していますよね」

「そうですね」

「それで、仮に、何年か経った後に、再びピアノが生産されるとしますね。そうしたら、このピアニストは再び才能を音楽として表現することができるようになりますよね？」

「当然、そうなりますね」

「だったらですね、肉体を失った人が、現象しないまま〝存在〟していると考えると、仮に何千年か後に再び肉体を得ることができたとすると……」

「人間は生まれ変わる、ということになりますね」

「あ、やっぱり」

「途方もない話ですが」

「でも、だとすれば、前世の記憶があるはずですよね？　なぜないんでしょう？」

「さあ、なぜでしょうかね？」


「再びピアノを得たピアニストは、天才とは言ってもかなりブランクがあるわけ

ですから、最初のうちはすぐには上手に演奏できないのかもしれませんね」

「そういう考え方も可能ですね」

「だとすると、生まれ変わった人間が前世の記憶を思い出せないのも、それと同じ理由かもしれませんね。これは、まあ、ひとつの考え方としてですが」

「それもひとつかもしれませんね」

「だとすると、**私たちは、人生を生きていく中で、たくさんのことを〝学んでいる〟と思っていますが、実は、それは、学んでいるというよりも、〝思い出している〟ということなのかもしれませんね**」

「ええ。哲学のほうでも、そういう考え方がありますね」

「だとすれば、私が選んだ仕事も、たまたま私がやっているというよりも、もっと遠い昔に約束されたものなのかもしれないんですね。私の魂の深いところで、私を促してくれているのかもしれないですね」

「そういうことに思い至ると、『どうしてもこういうことをやってみたい』という、魂の深いところから突き上げてくる夢や理想や憧れから目をそらすことは、ひょっとすると、自分自身に対するとんでもない裏切り行為なのかもしれないですね」

「なるほど、なるほど」

「やっとわかりましたか」

「ええ、ええ。わかりました。石井さんの言いたいことがやっとわかりました。やってみます！　この三カ月がんばってきた結果の一千万円は失ったけれど、どうしてもこの仕事をやりたいと思った自分の想いを信じてあげることにします」

「それはよかった」

「なんかありがとうございました！」

「こちらこそ。ところで——」

「あれ？　また新刊が出たんですか？」

「ええ、よかったら読んでみてください」

「『人生を変える！「心のDNA」の育て方』ですか。また稼ぐ気満々のタイトルですねえ……なになに、〝ああ、私はこれをやるために生まれてきたんだ！——

——〟」

コラム 「イカした風俗嬢、就職難を嗤《わら》う」

かなり昔の話ですが、私には、ひとりの女友達がいました。彼女は、ルームメイトと一緒になかなか高級なマンションに住んでいました。

若いのにどうしてそんな高級なマンションに住んでいたのかというと、そのルームメイトというのが、いわゆる風俗店で仕事をしている女性で、さらに、お店での仕事のほかにも、いわゆる〝パパ〟がいて、そこからもおこづかいをもらっていたから、相当に羽振りがよかったわけです。

私はそのルームメイトには直接会ったことはなかったのだけれど、友達からときおり彼女の話を聞かされていました。

そのルームメイトの〝パパ〟は、実は、身体障害者なのだという。

その話を聞いて、当時の私は不快感を感じました。「アンタのルームメイトは障害者を食い物にしてるのか」と友達を非難しました。

しかし、彼女は、別にルームメイトをかばう風でもなく、変なことを言う人だという顔で、「パパが彼女にぞっこんなのは、障害者だからといって特別に情をかけたりすることがなくて、ふつうと同じように食い物にしているからじゃない？」と答えました。

ふつうと同じように食い物にしている——という言葉が、逆説的で、それでもなぜか温かい感じがして驚きました。

驚いた以上に、ものすごく恥ずかしい気持ちになりました。

不快感を抱いた時点で、私自身が差別の心を持っていたのです。安っぽい正義感の化けの皮がはがれるときほど恥ずかしく思えることはありません。

けれども、そんなルームメイトも、「アタシもそろそろまじめな仕事をしてみたいなあ」などと言い出した。「セックスの次に好きなのが洋服だから、ブランドのお店で働こうと思うのよね」なんて言い出した。

それで、友達としては、「大学出てたって就職先がないっていうこのご時世に、そんなに上手く仕事が見つかるはずがないじゃない。世間知らずにもほどがあるわよ」とアドバイスをしたのですが、ルームメイトは「そうでもないかもしれないじゃん」という顔をしていたという。

ヤル気のあるうちにと、さっそく某ブランドの店にズンズン入って行って、「仕事ください」とひとこと言ったら、即日、就職が決まったという。

これには友達もびっくりしていました。

欲しいものがある。やりたいことがある。

だったら、それが欲しい、それをやりたい、って素直に言えばいいだけ——。

案外、カンタンなものなのかもしれない。

日常のいたるところ、ひっきりなしにすり込まれる情報や価値観。情報化時代などと言われて久しいけれど、そろそろ、かき集めた情報を捨ててゆく時代が来ているのではないかな、と思ったわけです。

おわりに

本を書くというのは、とても〝正気〟ではできない行為です。

自分の書いたことが、カタチとして残ってしまうのです。たとえ絶版になるときが来て、書店から姿を消したとしても、誰かの手元には残ります。いえ、カタチが消えても、気持ちを込めて読んでくれた読者の心の中には、ずっと残るのです。著者にとっては、一生ついて回るものになります。

だから、どんな人が読んでくれるのかなどと、ちょっとでも想像しようものなら、もうとうてい本を書こうなどという気にはなれません。活字離れのこの時代に、お金と時間をかけて本を読むほどですから、知的なレベルも高い人たちです。私よりもはるかに知識も経験も豊富な人たちに違いありません。

そんな読者に向けて、どうして偉そうな言葉を並べることなどできるものでしょうか？

まったく、正気の沙汰ではありません。

おかげさまで、翻訳や監修も含めると、二十冊近い本を出させていただきましたが、今でも新刊の原稿に取りかかると、最初のうちは、とてもとても用心深くなってしまいます。

ほんの一行ほどの文章を何度も何度も書き直したり、こまめに辞書をひいて、誤字や脱字がないか、思い込みで慣用句の間違った使い方をしていないかなど、恥をかかないようにと細かく気を使います。だから、最初の一日二日は、もうほとんど数行も進まないことが多いのです。

ところが、どこかのタイミングで、この〝正気〟を失ってしまいます。

書いているというよりも、書かされているというような感じになってきて、誤字も脱字も誤用も気にしている余裕などないほどに、次から次へと言葉がわき出していて、これを逃したら二度と聞けない言葉を誰かが耳元でささやいていて、それを必死になって書き留めている。そんな状態になります。

そうなりますと、「いや、これを書くのはやめよう」といくら理性で思っても、どうしても削ることができなくなります。魂の底から突き上げてくる言葉を〝なかったことにする〟だなんて、何か、ものすごく自分の魂を裏切っているような気がしてくるのです。

先日も、ある人からこんなことを言われました。

「私も昔から文章を書くのが好きで、ぜひ本を書いてみたいと思うのですが、やっぱり、私の伝えたいことになんか誰も興味がないんじゃないかと、そんなふうに思ってしまうんです」

その気持ちも、わからないではないんです。

ですが、まだその人は〝正気〟なんです。そんな上品なことではとても本なんか書けるもんじゃないと、私は思うんです。

本を書くということは、そういう意味では、むしろ恋愛に近いんじゃないかと思うんです。

自分なんて価値はない。相手になんかしてもらえるわけがない。告白なんかしたら、きっと笑われるに違いない――そんなことは頭ではわかっていても、もうどうしようもない気持ちがほとばしって、その気持ちを無視することは何か神聖なるものを裏切っているような気がしてくる。そして、真夜中にその人の家の前でひとりずぶ濡れになっているというような、今ではどんな安っぽいドラマでもやらないようなことを、やってしまうのです。

それと同じで、自分の魂の深いところから突き上げる猛烈な気持ちに促されてでなければ、本を書くなんて図々しいことは、とてもできるもんじゃないと思うのです。

だからこの本は、私からあなたへのラブレターです。

あなたにも、夢や理想や憧れがあるはずです。

もしかすると、「まだまだ私なんて」と、チャンスの一歩前で立ち止まっているのかもしれません。

でも、私が本書でそうしたように、どうぞ、あなたも魂の深いところから突き上げてくる崇高なる情熱に、身を任せてみてほしいのです。

上品で、常識的で、効率的で、ものわかりのいい、賢いだけのあなたじゃあ、つまらない。そう思いませんか？

私は本書を書くことで、恥ずかしい気持ちも、自信のなさも、批判されることへの不安も、すべてをわかっていながら、それでも、自分の魂の底から突き上げる理想を信じて、偽らない情熱をカタチにしました。

次は、あなたの番です。

石井裕之

スペシャルサンクス（敬称略）

arton、相川浩一、愛の伝道師、相原淳一、青木貴秀、青島史武、青野麻紀子、青柳正、赤石亜沙美、Agata、赤堀玄、赤松建司、秋山剛志、あげ、アサイカズアキ、浅田勝昭、浅田倫正、浅羽博、朝日正樹、あず、明日香、東、東栄一、麻生崇良、足立直之、adati@、足立秀樹、足立裕子、あっきぃ、渥美◎幸一、アベアツ、安部功一、安部功一、あべちゃん、あべちゃん、安部徹、阿部眞也、あぼっち、天城双麻、天本千賀子、アマリッリ、亜実ちゃん、AMIちゃん、荒井幹也、新井礼子、アレックス、Aloha、粟津英明、安藤俊一、安藤正彦、安藤泰宏、アン姉、飯島徹也、飯島康仁、飯田孝一、飯塚千亜子、飯沼正樹、飯村延彦、飯山陽平、イガ、五十嵐直樹、五十嵐佳則、池浦隆、池川新大、池田勝則、池田博美、池田陽一、池原好哉、池谷良太郎、生駒圭一、石井鶏助、石井隼平、石井利治、石井寿春、石井元、石井康裕、石川彩紗保、石川修、石川公平、石川裕介、石川良子、石川良子、石公一朗、石澤史明、石田Q久二、石橋渉、石橋久美子、石橋健二、石橋健二、石橋正紹、石橋正紹、石橋Y、石原巧、石原健治、石原教子、泉谷修一、泉さとし、泉澤淳、伊高史生、板津大佑、市川友洋、市川裕一、一号、市野謙、一瀬夢叶の父、一心太助、伊藤賢、伊藤孝、伊藤薫、伊藤数洋、伊藤和美、伊藤国治、伊東久美子、伊藤啓子、伊藤幸子、伊藤太輔、伊藤衡基、伊藤正喜、伊東真里、伊藤康夫、inatt、稲葉一氏、稲葉光治、いぬ、井之上泉美、井上修、井上健太、井上浩行、いのきん、イノシシ、いのっち、今井一彰、今井克佳、今井信弘、今井將徳、今枝直典、今岡謙、いまこ、今庄和恵、今村和之、Mまめ、伊村正夫、入江ミヨ、岩井早人、祝篤史、岩佐和紀、おかずのり、岩田壮史、岩田昌男、岩橋賢、岩橋哲哉、岩渕よしこ、岩元秀晃、植木薫、植木宗昭、上田明子、上田悦子、上田保典、上地広喜、うえっち、上原政人、上原幸大、植村正和、void、Walt、宇佐美研治、牛島郁乃、後山政士、臼井成夫、内ヶ崎賢二、内田大三、内田敬士、内田宏、うなずきん、羽仁流、ウニ太郎、宇野貴子、うひょ、梅村征敏、浦崎直太、浦崎弘幸、上津明夫、栄治、榮島一博、ええねん、江口徹、江座浩史、江角洋子、枝元賢一、エディ小幡、衛藤篤、N.K、榎本啓秀、蛯原純、F紀代美k、fけいち、えみるん、MA++、MYB、L.M、えんタマ、遠藤鉄弥、遠藤秀雄、及健多郎、大阿久友伸、大石秀和、大内房代、大川晃法、大川史朗、大木優、大口麻子、大澤哲也、大澤幸代、大島慶三、大嶋美保、太田静子、太田亮久、大平俊介、大竹泰亮、大竹秀一、太田十字信、おおたひさこ、太田美貴子、大塚晃一、大塚順子、大塚俊彦、大戸浩峰、AUDREY、大成浩市、大西正子、大西光浩、大橋均、大場重喜、大橋宗介、大場拓也、大畑潤來、大場龍夫、大平晃一郎、大平昌宏、大和、岡垣憲明、岡崎博之、岡澤淳、小笠原光太郎、岡野光男、岡部直樹、岡雅信、岡本邦裕、岡本光生、小川賢三、小川直樹、小川範雅、小川真義、小木佳織、荻田泉、沖田美穂、沖縄AKI、荻野一恵、荻野真也、荻野康人、おぐち洋子、小倉剛、小倉誠次、小倉たくや、小倉唯克、尾崎章二、小澤多郎、小澤英昭、尾島利恵子、occo、尾西歯科医院、尾上貞雄、尾上淳、小野一之、小野澤松利、小野千夏、小野真奈美、小野義人、〝おばやん〟、おみつ、小室信二、尾山佳三、尾立一郎、甲斐重之、かおりん、kaoru、かぎろひ、角田結子、懸田明弘、葛西隆、笠井浩樹、笠原真樹、風間康邦、鹿島万美子、柏木亮太、かっしー、kazu、KAZU、春日賢治、春日りおん、加津子、ガスター、粕谷勝昭、片桐義晴、片桐義晴、堅田不二子、片山順平、かたやん、KATZ、勝兄さん、克彦.H、門井康孝、加藤崇洋、加藤彰、加藤健一、加藤摂、加藤大和、加藤高広、加藤哲也、加藤直樹、加藤紀道、加藤治人、加藤英基、加藤睦夫、加藤義竹、金井泉、金川美和子、金澤幸治、金治良樹、金治良樹、金木義一、かねこたけし、兼子照子、鐘築克治、金築啓ジョナ君、兼山嘉明、狩野一峰、華音、かば、壁屋喜規、釜沢友樹、かまちゃん、上岡大志、神坪浩喜、加村憲一、鴨下豊、唐沢政浩、かり、カルロス山浦、河陽輝、川上礼生、川上順彦、川上裕之、川口林、川越満、川崎麗子、川隅さくら、川田潔、河内一男、河内貴仁、河中清、河野公彦、河原満江、川邊岳夫、河見賢司、簡亮博、神戸香織、key99、木内一聡、きき、菊田学、菊地えいご、菊地克仁、岸重光、北岡靖市、北岡秀紀、北川真一、きた咲、北沢敦、北澤英明、きたじー、北出亘、木谷夫妻、北村亮一、木原章博、木全功、kimmy、きむあき、木村海成、木村香、木村博旨、木村也寸志、Q、邱紅艶、きよP、清弘俊幸、キョロちゃん、きんきん、金城有紀、銀の弾丸、玖珂たけし、日下部龍、草薙薫、くじ橋一浩、九条守、楠窪寿典、くすちゃん、久住昌芳、葛谷友哲、楠山昌彦、工藤昭二、工藤大介、国弘寿行、国広真己、久保剛、久保修一、久保田豊治、久保田靖秀、久保孝、窪丈雄、久保田琴乃、久保田隆博、久保博史、久保光弘、久保陽子、熊崎正司、熊野人、九門亮、倉田純、くりくん、久留生国昭、黒川貴昭、黒木晴彦、黒沢啓二、黒田英利、k出口、K.KATO、k198、K.ミツヤ、けかく、けむ、げんげん、げんさん、小泉匡弘、小岩洋平、こういちろう、合田J陽太郎、光灯奈々子、コウトク、河野圭太郎、こえり、Goくん、ko－G、古賀睦弘、小堺幸一、小坂和則、小坂剛、小崎義郎、小鹿真記子、KOZ、兒玉裕司、小玉浩ごっちゃん、コテツ、後藤真也、五島光、後藤美奈、後藤隆一、otonoel、小西永晃、小林透、小林一志、小林直也、小林範雄、小林英夫、小林裕、小林政雄、駒田英至、小松万樹、小松勝、小村裕朗、是枝達郎、こんだ、今田飛鳥、コンカズ、近藤健吾、近藤幹大、紺野俊宏、さいころ、斉藤努、斉藤恭子、齋藤慎也、斎藤貴志、西藤洋将、斉籐マユミ、SAU、さえ、三枝次朗、坂井孝郎、酒井千治、酒井俊武、坂井治湖、坂井学、坂入亜蘭、坂上浩二、榊原啓子、榊将司、坂口敏文、坂田栄子、坂田伸一、阪本孝二、坂本大樹、ヒデ、坂本みのり、作野実、櫻井真矢、櫻井孝夫、櫻井孝信、笹岡久修、佐々木謙行、佐々木晃子、佐々木晴一、佐々木輝雄、佐々木秀雄、佐々木フサ子、笹木未知比古、KOU、佐瀬文男、さち、さっちゃん、佐藤直幸、佐藤仁、佐藤勝彦、佐藤慎一、佐藤真一郎、佐藤全裸太、佐藤直子、佐藤信之、佐藤浩史、佐藤弘康、佐藤昌史、佐藤保子、佐藤洋平、佐藤ヨッシー、佐藤隆三、佐藤良子、誠司、サトピィ@、里見真優、佐渡山本敏彦、真田祐歩、さにー、サバイバー、さゆりんご、澤野友治、沢原聖喜、3期山本、しあわせ道場、GFP、Caesar、しいな@スマイル、椎木健次、j:エナジー、しおり、志賀範子、師川タカオ、shigeo、しげりん、刺繍屋ゴーダ、四條俊幸、しずく、品川和之、篠澤宏典、篠澤正規、ジュワタネホ、篠原孝光、シバ、柴田一義、柴田康博、柴田由美子、柴田義明、柴ちゃん、柴山幸一郎、志摩一平、島崎隆二、島田博幸、島田祐子、島津陽亮、島村麻美、ZIMMY、清水猛、清水透、清水裕子、下地敏也、下田和弘、シャーリー、JACK、Shanti、シャンレイ、宗一、junko、城高善、生愛喜優、将クンパパ、城島崇、小代恭幹、白石晴彦、白石博章、白津新悟、白黒パンダ、Sin!、しん、ジン、真順、シンジロウ、仁星のシュウ、しんたろう、新徳知子、新村さゆり、ずう、スー様、すーさん、末村大輔、菅寛暁、菅原得雄、菅原幸夫、杉谷英広、杉好ちゃん、杉本美智子、杉本和嘉子、杉森篤、杉森史明、杉山志乃ぶ、杉山澄子、杉山和美、寿司子、鈴木 勝之、鈴木雅一、鈴木英志、鈴木一弘、鈴木克明、鈴木行介、鈴木淳一、鈴木慎一、鈴木敏彦、鈴木洋之、鈴木雅子、鈴木大和、鈴木祐子、鈴木祐司、鈴木由貴子、すずきゆたか、スズタカ、スター涼子、須田幸博、スッチン、砂川顕栄、スペシャル KA角之上千晶、角裕子、せ〜じ、SEIKO、SEIJI、セイネ、☆清風明月☆、瀬川弘恵、関孝浩、関俊雄、関根優作、せっつー、銭谷友美、勢旗孝代、ゼロなっち、ゼンケイパパ、千住峰義、善徳、添田裕美、曽我友見子、蘇妲己、園田高信、sophia、ソムケン、染谷恵美、ソライロ、大工信夫、だいじゅ、ダイゾー、泰地幸雄、田岡秀幸、タカ、TAKA、taka、高泉美誉子、高木清美、高岸英明、高木昌恵、高倉壮太、TAKAKO、たかさん、卓志、高島哲也、高谷和孝、高田秀之、高田夢志、鷹西よしひろ、高野忍、高橋郁子、高橋茂樹、高橋太郎、ちゅるるん、高橋哲男、高橋俊夫、高橋翠、高橋良晴、たかぴょん、takahiro、尚裕、たかむん、タカヤス、高柳 秀、高柳 誠、高山秀一、滝原美奈、たきれい子、たく、田口眞介、田口貴章、宅見順、take、武井文徳、さおり＠タケ、竹内哲明、竹内亨、竹内智之、たけうちりた、竹尾智勇、武笠紘明、竹川燈、武貞光良、竹田慎平、武田麻衣、たけちゃん、たけちゃん、竹に剰る君魂、たけぼう、竹村裕治、竹本和矢、田崎邦秀介、taji、TJMax、田代勝則、田代幹、田代洋一、田代芳治、只野隆信、多田満雄、立川智子、田坪宏教、立間義男、辰巳尚、辰巳佳正、立石章、立石慎也、舘野正直、舘花一仁、田中 啓太、田中 昌博、田中浩一、田中 Sei、田中俊彦、田中友範、田中直人、田中やっさん、田中裕二、田中ゆき、田中由英、田中由英、田辺三貴、谷内ジョン、Daniel、谷垣真哉、谷川ガワヲ、谷口健、たぬきち、狸のポンポコ、田端透、田場信広、田巻圭二、田村たかみ、田村栄治、田村学、田村洋治、たりー、太郎と次郎、田和卓、ダンディー、児堂義一、千羽秀平、千葉秀樹、チハル氏、チピたん、チビママ、チャコティ、塚田真希、筑井康敏、佃隆、辻範男、辻本悟士、土田恭子、土田恭弘、土屋正路、筒井祥宏、筒井英二、ダイゴロウ、天翔、角田栄二、烈史、鶴田真理、出井ヤス、ティア、D・イトウ、TX、T.竜彦、TVO、T.FUJI、てつおう、寺内輝治、寺尾進、寺田省治、寺田猛、寺田智博、輝盛 doiken、土井順二、東條哲雄、遠矢雅則、戸上展誌、時田俊一郎、Dr.虎党、徳永健一、とこちゃん、戸田博行、.st、トニーど雄太、冨井琉、富澤健、富田和憲、富田聡、冨田昌一郎、富田浩、富田弥佳奈、外村英明、とも、智、ともあき、朋枝、とも爺、知ちゃん、トモ中谷、豊田ゴン、どら平太、どんチャン、NAOTO、なおゆう、永井一歩、中井琢治、長尾昌純、中川貴、仲川武、中川弘宣、中川雅史、中川雄嗣、長崎勇次．、仲里幸剛、中沢薫、長澤利雄、中島康貴、長島勝博、中嶋達也、ナガりん、中園泰史、中田一徳、中谷俊和、中塚信行、中西啓和、永野敦也、中野周子、なかのちひろ、中野智樹、トモ、中野希望、仲野佳恵、中畑義巳、仲眞雄大、仲間雄一郎、ナカミ〜、長峯静雄、中村斉、中村恵子、中村さんち弟、中村幸弘、中村隆行、中村寿一、中村文彦、中村みゆき、中村友一、仲本真弓、中屋勝、中山準、中山学、中山裕之、中谷真理子、永治好宏、ながやん、名倉正、nature、夏目俊夫、七森貢、某重則、なぬ夫、ナラタカコ、成澤修、成島一之、成田文博、南部喜裕、二木貴司、西尾典久、西尾善博、西川武志、心偉人伝、西川博章、西川義彦、西田隆行、西直之、西野正基、西牧祐翔、西松孝司、西村和俊、西本聡、西山淳、にっしー、二宮一彦、仁山美香、韮沢泰、沼澤雅裕、沼田幸治、沼本浩明、猫の人、ねもっち、野口和彦、野口裕恭、野沢成芳、=野島雅=、ノスリ、野田裕介、野間武、のり、のり×のり、のんのん、灰佐喜重、バカアクセル、萩原憲、箱崎琢朗、橋口雄三、橋本たかこ、橋本真由美、ぱずるん、長谷川恭一、長谷川圭一、長谷川豊、長谷部宏行、ぱた、畠山透、畑田紘孝、畑中裕有、秦麻克一、ハチ、はちのす、はっしぃ、はっちゃん、服部憲治、服部智暁、服部良久、波床理絵、華井美織、花岡俊明、浜田愛子、濱田有萠、濱野彰彦、浜野浩、早川真雅、早川太郎、早川敏幸、早川ともこ、林建宏、林裕子、早野振一郎、原賢治、原和弘、原口直敏、原口豊、原孝、原田幸治、はらだたつや、ハリネズミ、はるはは、半澤満、はんな、般若心経、坂大樹、ひいる、日浦直樹、東田一夫、ひかった、疋津恵美子、樋口杏樹、樋口貴好、ピコ、肥後良介、ひさ☆ひとみ、美人秘書、美人屋16、ビゼー・グルン、Hide、秀平智宏、ひなせの叔父、ビニユキ、日比克行、姫、kewpie、平井琢磨、平岡利行、平方宏明、平田恭子、平田誠、平出裕太、平野清智、平山ちゃん、hiro96、廣井栄一、廣芝直子、廣瀬寛太、広瀬良文、hirof、ヒロポン、ヒロヨ、HIRORIN、樋渡幸子、ピンキーボム、フィット、フェデレ、fuka、深川正典、深沢千恵子、深沢美樹、深津健一、深野拓郎、福井英人、福岡K介、福司剛史、福島和広、福島直樹、福島誠、福島安美、福田武史、福田憲文、藤井一好、藤井進彦、藤井秀紀、藤井将、藤枝宏一、藤木真由美、fujita、藤田猛、藤原俊介、藤村剛、藤原篤人、藤原喜美江、藤原K、普天間直樹、舟橋孝宏、bunise、ブヒ、文本鋭、ふみよ、あなたの掲載名、ブルー、古川正生、古瀬剛、古瀬裕泰、古田勝一、古田浩、ふるふる、古町寿雄、古屋雄一郎、peaah、へんしゅうちょ、ポーさん、外間正太、星尾清、星野今日子、細木清美、細田浩之、ポチたま、ぽっくごろた、堀田修、堀田純、堀田智美、発知聡明、ほふマン、堀江昭佳、堀和也、堀口雅好、堀之内豪人、堀部謙二、堀将之、ポルシェ、ボルボ伊藤、ぽんた、本田寿俊、本間勉、本間俊行、マーク、まーぴん、前上門 稔、前田宏治、前田忠志、前田知宏、前野健、前野直樹、槙塚聡、マグマ笹田、makoto、まさき、雅子、マサシ、政光順二、マサル、馬島弘、増田英明、真澄、町田康浩、松浦貴文、松岡、松岡成佳、松尾宏三、松尾英和、松尾浩、松尾竜典、松坂和紀、松下英典、まっちゃん、松戸明、松永大輔、松波春樹、松野宏、松原薫子、松原一広、松村寛、松本孝徳、松本大、真鍋昌史、真野仁、MAMI、麻弥、Mayuko、MayumiLi、まりねこ、まるちゃん、まると屋、丸山公照、K.M、まんぼう、三浦章、三浦伸一、三浦輝雄、美夏、美佐基嗣、三島英一、三嶋孝紀、三嶋美恵、レアプリン、mizu516、瑞季、ミスター稲葉、水谷哲子、水谷友彦、水野剛、水間紀仁、水守宏、よーよー、道明、みっくん、みどりn、minami、南 秀和、巳波裕介、南龍之介、みのり、美歩、みみ、ミヤ、宮尾大五、宮川綾堅、宮川

綾堅、宮川智一、宮坂正則、宮崎由子、宮崎龍一、宮澤ひかり、宮下440、miyajima、ベティ、宮原啓一郎、宮原秀和、宮部誠、宮本伸、美好芳子、向井誠享、向原洋一、虫明一彦、鞭和夫、武藤高治、武藤博紀、武藤良彦、村井健児、村井孝幸、村上慶、村上公一、村上貴之、村上奈津子、村上嘉朗、村越清実、村越立樹、むラッキー、村松雄一、室家大介、室家洋子、メガトン斎藤、あつこ@MO、毛利隆司、モーモー3、もがきえびす、茂木明、もこちゃん、もすく、望月悟、望月直幸、餅米トップ、モチやん、motti、もっち、茂木事務所、もといまりこ、ももしゃん、森明日香、森佳人、森川正章、森木葉子、森口明、森下裕士、森下裕道、森田香苗、森武彦、森田信也、盛田ひとみ、森の北さん、森宏之、森本茂、森本哲和、もりもりさん、森山正臣、森有規、諸原貴章、もんがー、門奈哲也、モンブラン子、八頭芳之、八木堅司、野球コーチ、矢島知香、安原和弥、安村紀子、柳川まっきー、柳沢淳一、柳田誠、矢野加介、矢野茂、矢野陽一、やぶ、矢吹博志、矢吹亮、山岡正幸、山岸義史、山口明彦、山口まこと、山口賢一郎、山口振一郎、山口泰右、山口達也、山口法男、山崎聡、山崎耐忍、山崎隆弘、山崎智寿子、山崎英昭、山崎康弘、山下敏、山下宝司、山瑞進一、山田康民、山田文章、山田祐子、やまちゃん、山根良介、山本花笑、山本かおる、山本和彦、山本克哉、山本志帆、山本忠雄、山本毅、山本昇、山本將勝、山本豊、山本有利子、やるっきゃ、湯浅健太郎、ゆいゆい、ゆうき、結城伊知郎、ゆうきみき、S_Yuko、ゆうこりん♪、YujiK、優珠、ゆーちゃん、勇尚真由美、ゆかんちょ、ユキ、有紀、ゆきこば、雪水月予、Yutaka★K、ゆたか&なお、ユッキ、ユッぴー、湯原定男、夢野中、ゆりママ、41ken、ようこ、よーじ、ヨージー、横川香苗、横田文、横田浩二、横田雅光、ポロン、横田義英、横山功司、横山宜佳、横山浩士、YOSHI、Yoshia、吉井維希子、吉井敬、吉浦洋司、吉岡智洋、吉開慎之介、由子、佳子、由崎直人、吉里孝、吉田就介、ヨシダダシヨ、吉田哲男、吉田統一、吉田直子、吉田宏守、吉田弥生、吉原英夫、ヨシミツ、義村篤、吉村勝之、吉村剛一、☆よっくん☆、米マン、米本良、米山達宏、よぴこ、rise up、ラナ、リーリ、李賢一、rito、龍園梢、亮くん、領家哲、りょうま、ルーク平野、ルディ長岡、ろき坂越、路次香奈子、ろばと清作、ロンドマン、ykoba、わかなちゃん、脇田健一、和久井賢二、渡辺康浩、渡辺恵子、渡邉光、渡辺浩司、渡邉尚久、渡辺利明、渡邉優子、渡辺ユウジン、和田正光、和田幸生、わっきー

以上の人たちのお陰で本書を書くことができました。
いつも元気づけられる素晴らしい仲間たちです。
ありがとう。

石井　裕之

〈著者プロフィール〉

石井裕之（いしい・ひろゆき）

1963年・東京生まれ。パーソナルモチベーター。セラピスト。催眠療法家。有限会社オーピーアソシエイツ代表取締役。

26万部突破の『「心のブレーキ」の外し方』、累計45万部突破のベストセラーシリーズ『一瞬で信じこませる話術　コールドリーディング』、『なぜ、占い師は信用されるのか？』、『<図解版>なぜ、占い師は信用されるのか？』、(以上フォレスト出版）のほか、『ダメな自分を救う本』（祥伝社）、『秘密の恋愛カウンセリング』（大和書房）、『コミュニケーションのための催眠誘導』（光文社）など、十数冊の著書をもつ。また、監修書に『なぜ、あの占い師はセールスが上手いのか？』『なぜ、「頑張っている人」ほど、うまくいかないのか？』（フォレスト出版）がある。

コールドリーディングをマスターする「石井道場」は、高額セミナーながら、半年先までキャンセル待ちの状態が続いた。石井裕之のセラピーの施療経験の集大成ともいえる、『ダイナマイトモチベーション６ヶ月プログラム』も、大ヒット作となっている。

日本テレビ「おもいッきりテレビ」、テレビ東京「サイコラッ！」、フジテレビ「奇跡体験！アンビリバボー」、よみうりテレビ「史上最強の恋愛ドリル」シリーズ、ＡＢＣ「ビーバップ！ハイヒール」などのテレビ出演や、「プレジデント」（プレジデント社）、「ａｎａｎ」（マガジンハウス）、「Ｗｉｔｈ」（講談社）など雑誌への寄稿も多数。

現在、「週刊ビッグコミック・スピリッツ」（小学館）、「ゲイナー」（光文社）などでコラムを好評連載中。

<石井裕之オフィシャルサイト> http://sublimination.net

<『心のＤＮＡ』の法則> http://www.forestpub.co.jp/dna/
（↑石井裕之が語る無料音声プレゼント）

「心のDNA」の育て方

2007年7月7日　　初版発行

著　者　石井裕之
発行者　太田宏
発行所　フォレスト出版株式会社
〒162-0824 東京都新宿区揚場町2－18　白宝ビル5F
電話　03-5229-5750
振替　00110-1-583004
URL　http://www.forestpub.co.jp

印刷・製本　日経印刷（株）

ISBN978-4-89451-267-2 Printed in Japan